스타트업
아이템 발굴부터 투자 유치까지

완전 개정 증보판

스타트업 아이템 발굴부터 투자 유치까지

ⓒ 임성준 2026

인쇄일 2026년 4월 9일
발행일 2026년 4월 16일

지은이 임성준
펴낸이 유경민 노종한
책임편집 이소연
기획편집 유노북스 이현정 이소연
기획마케팅 우현권 전예원 김민선 이충원
디자인 남다희 허정수
기획관리 차은영
펴낸곳 유노콘텐츠그룹 주식회사
법인등록번호 110111-8138128
주소 서울시 마포구 동교로17안길 51, 유노빌딩 3~5층
전화 02-323-7763 **팩스** 02-323-7764 **이메일** info@uknowbooks.com

ISBN 979-11- 7183-165-4 (03320)

스타트업
START UP

완전 개정
증보판

정부 지원 사업 계획서 작성법,
최신 투자 유치법
전격 수록

아이템 발굴부터
투자 유치까지

임성준 지음

유노
북스

스타트업 생태계의
새로운
생존 방정식

2020년 겨울, 나는《스타트업 아이템 발굴부터 투자 유치까지》의 초판을 세상에 내놓았다. 돌이켜 보면 그때와 지금은 마치 서로 다른 세기처럼 느껴질 정도로 세상이 격변했다. 불과 6년 만에 인공지능^AI이라는 거대한 파도가 창업의 모든 공식을 송두리째 바꿔 놓을 줄은 그 누구도 상상하지 못했다. 과거의 성공 방정식은 이제 유효 기간이 지난 골동품이 됐고, 우리가 당연하게 여겼던 시장의 질서도 완전히 재편됐다.

이제 6년이라는 시간을 건너, 다시 책상 앞에 앉아 완전 개정 증보판을 집필한다. 그동안 나는 액셀러레이팅, 투자, 멘토링, 강연 등의 현장에서 수백 명의 창업자를 만났다. 어떤 이는 시대의 파도에 휩쓸려 소리 없이 사라졌고, 어떤 이는 그 파도 위에 올라타 눈부시게 도약했다. 그들의 처절한 생존기와 성공의 이면을 목격하며 나는 한 가지 확신을 얻었다. 지금은 스타트업 역사상 가장 혹독한 겨울이자, 동시에 가장 뜨거운 기회가 꿈틀거리는 시대라는 것이다. 판은 이미 새로 짜였다. 과거의 영광에 취해 변화를 거부하는 자는 도태되고, 바뀐 룰을 읽고 기민하게 적응하는 자만이 2026년 이후 펼쳐질 다음 무대의 주인공이 될 것이다.

자본은 죽지 않고 진화한다

2020년대 초반, 스타트업 투자의 황금기를 기억하는가? 2021년 국내 스타트업 투자액은 15.9조 원(중소벤처기업부 집계 기준)을 돌파하며 사상 최고치를 기록했고, 명확한 비즈니스 모델 없이 아이디어와 트래픽만 있어도 수백억 원의 투자가 이뤄지던 유동성의 파티가 열렸다. 하지만 2022년 이후, 파티의 조명은 꺼졌다. 고금리 기조의 고착화와 지정학적 불안, 글로벌 공급망 재편이 겹치면서 시장은 급속도로 얼어붙었다. 2024년과 2025년을 거치며 우리는 투자 혹한기를 넘어 스타트업 생태계 자체가 흔들리는 대조정의 시기를 건넜다.

그러나 역설적이게도 시장을 지배하는 위대한 기업들은 항상 이런 위기의 시기에 탄생했다. 전체적인 벤처 투자 규모는 조정을 거치고 있지만, 자본의 흐름 자체가 끊긴 것은 결코 아니다. 오히려 자본은 더 영리해졌고, 실질적인 가치를 증명하는 곳으로 집중되고 있다. 2024년 이후 생성형 AI와 딥테크deep tech, 반도체 분야의 투자는 가히 폭발적이었다.

사피온을 합병하며 1조 원 가치의 AI 반도체 유니콘 기업으로 성장한 리벨리온(투자 유치 금액 1,650억 원), 업스테이지(투자 유치 금액 약 2,100억 원), 스픽이지랩스(투자 유치 금액 약 2,000억 원)의 대규모 투자 유치, 그리고 온디바이스 AI 시장을 선점한 스타트업들의 약진은 이를 증명한다.

2026년, AI 생태계 내에서 실질적인 수익 모델을 증명한 서비스 기업들이 수천억 원대 기업 가치를 인정받는 사례들은 선택적 투자의 시대가 정점에 달했음을 보여 준다. 우리가 말하는 빙하기는 준비되지 않은 기업에게만 적용되는 재앙일 뿐이다. 압도적인 기술력과 실질적인 현금 흐름, 그리고 명확한 비전으로 무장한 곳에는 여전히 기회의 문이 활짝 열려 있다.

스타트업 신의 뉴 노멀

이제 스타트업 신scene은 단순히 AI를 도입하는 차원을 넘어, 조직의 근간이 데이터와 AI로 설계된 기업들만이 살아남는 구조로 재편됐다. 과거에는 투자를 받아 대규모 인력을 채용하는 것이 성장의 상징이었으나, 이제는 AI를 활용해 1인당 생산성을 극대화하고 고정비를 혁신적으로 낮춘 '가볍고 강력한 조직'이 시장의 선택을 받고 투자의 영순위가 된다. 이러한 흐름 속에서 최소한의 인원으로 천문학적인 가치를 창출하는 1인 유니콘 기업이라는 개념은 더 이상 낯선 구호가 아닌 실질적인 비즈니스 모델로 안착했다.

투자자들은 더 이상 장밋빛 미래 가치나 추상적인 숫자에 현혹되지 않는다. 대신 유닛 이코노믹스unit economics가 실제로 작동하는지, AI가 단순히 비용을 줄이는 도구를 넘어 고객에게 독보적인 가치를 제공하는 결정적 트리거가 되고 있는지를 정밀하게 분석한다. 창업자의 본능과 감에 의존하던 의사 결정은 이제 AI를 활용한 시뮬레이션과 데이터 기반 과정DDDM, Data-Driven Decision Making으로 대체됐다. 2026년의 창업가들에게 요구되는 것은 단순한 기술적 우위가 아니다. AI를 전략적 자산으로 활용하는 역량, 글로벌 시장에 즉시 대응할 수 있는 확장성, 그리고 기술의 변화 속도에 맞춰 조직을 끊임 없이 리빌딩하는 기민한 학습 능력과 실전적 리더십이 비즈니스의 성패를 가르는 절대적 기준이 됐다.

이번 완전 개정 증보판은 단순히 통계나 지표를 최신화하는 데 그치지 않는다. 지난 6년간 유효했던 성공 공식들을 과감히 폐기하고, AI와 데이터가 지배하는 새로운 생태계에서 아이템을 검증하며, 자금을 조달받아 압도적으로 성장하는 법을 담은 실전 야전 교본이다.

창업은 언제나 고독하고 처절한 사투의 연속이다. 하지만 판이 바뀌는 시기야말로 평범한 창업가가 거인으로 성장할 수 있는 유일한 기회이기도 하다. 부디 이 책이 (예비)창업자와 현장의 모든 리더에게 새로운 영감과 명쾌한 해답을 주는 날카로운 무기가 되기를 바란다. 기회는 누구에게나 올 수 있지만, 그 기회를 성과로 바꾸는 것은 오직 준비된 사람만의 특권이다. 이제, 다시 짜인 판 위에서 당신의 성공 신화를 시작하라.

• 차례

1장 · 어떤 인생 그래프를 그릴 것인가?

창업을 해야 하는 이유

2장 · 스타트업 처음부터 시작하기

새로운 스타트업 시장에 적응하는 법

3장 · 스타트업 내부 시스템 완성하기
흔들리지 않는 체계 만드는 법

4장 · 스타트업 도약 계획 세우기
지속 가능한 수익 구조 만드는 법

5장 · 스타트업 투자 유치 받기
최고의 투자처를 찾는 법

6장 · 알아 두면 좋은 스타트업의 모든 것
성공하는 회사로 키우는 법

에필로그

어떤 인생 그래프를 그릴 것인가?

START UP

STARTUP
STARTUP
STARTUP

창업을 해야 하는 이유

당신의 욕망이
가리키는 별,
북극성 지표

실리콘밸리의 유니콘 기업들에게는 길을 잃지 않게 해 주는 단 하나의 절대적인 기준이 있다. 바로 '북극성 지표 north star metric'다. 이는 칠흑 같은 밤바다에서 항해자가 북극성을 보고 방향을 잡듯, 스타트업의 장기적인 성장과 고객 가치를 가장 완벽하게 대변하는 단 하나의 핵심 지표를 뜻한다. 넷플릭스는 '시청 시간'을, 에어비앤비는 '예약된 숙박 일수'를 북극성으로 삼아 전사의 역량을 집중한다. 이 별이 빛나는 한, 기업은 흔들리지 않고 나아갈 수 있다.

그렇다면 비즈니스라는 거대한 항해를 막 시작하려는 당신에게 이 개념을 대입해 보자. 창업을 준비하는 지금 이 순간, 당신의 인생과 비즈니스를 이

끌어 줄 당신만의 북극성 지표는 무엇인가? 사회적 문제 해결, 자아실현, 혁신적인 기술 구현 등 수많은 명분이 밤하늘의 별처럼 반짝이겠지만, 가장 깊은 곳을 들여다보면 결국 하나의 본질적인 대답과 마주하게 된다. 바로 '돈'이다.

창업을 해야 하는 이유는 차고 넘치지만, 가장 근본적이고 강력한 동력은 결국 경제적 자유를 향한 갈망이다. 대박을 터뜨려 화려한 삶을 살고 싶어서든, 당장의 생계를 유지하기 위해서든, 혹은 불안한 노후를 대비하기 위해서든, 자기 사업을 시작하는 사람들의 절대다수는 돈을 벌기 위해 험난한 길을 선택한다. 물론 사회적 가치를 창출하기 위해 창업하는 고귀한 뜻을 가진 이들도 있다. 하지만 기억해야 할 것은, 회사란 기본적으로 수익을 창출하고 생존해야만 그 고귀한 미션도 달성할 수 있다는 냉정한 사실이다.

특히 2030세대, 그리고 2026년을 살아가는 현대인들에게 창업은 단순한 생계 수단을 넘어선다. 이것은 자본주의가 견고하게 쌓아 올린 보이지 않는 계급 사회의 벽을 넘어, 더 높은 곳으로 도약하고자 하는 강렬한 욕망의 발현이다. 우리 사회는 흔히 '욕망'이라는 단어에 엄격한 잣대를 들이댄다. 무엇인가를 탐하고 누리고자 하는 마음을 과도하거나 속물적인 것으로 치부하며, 청렴하고 소박한 삶이 미덕이라고 가르쳐 왔다.

하지만 솔직해져 보자. 아이러니하게도 인류의 역사는, 그리고 자본주의 시장은 바로 그 개인의 욕망에 의해 발전해 왔다. 더 좋은 집에서 살고 싶고, 더 맛있는 것을 먹고 싶고, 내 가족에게 더 나은 환경을 제공하고 싶은 그 뜨거운 결핍이 혁신을 만들고 새로운 비즈니스를 탄생시키는 원동력이 된다. 그러니 당신의 욕망을 부끄러워하지 마라. 그것은 타락이 아니라 성장의 에너지다.

미디어에 나오는 성공한 사업가나 자산가는 종종 이렇게 말한다.

"돈을 쫓지 마라. 좋아하는 일을 미친듯이 하다 보면 돈은 자연스럽게 따라온다."

정말 멋지고 고상한 말이다. 하지만 냉정하게 말해서, 그 말은 이미 성공한 자들이 누릴 수 있는 여유이거나, 대중이 듣기 좋아하는 방송용 멘트일 가능성이 높다. 내가 존경하는 수많은 창업가들조차 그 시작점에는 지긋지긋한 가난에서 벗어나고 싶다는 절박함이나 반드시 큰돈을 벌겠다는 야망이 흔들리지 않는 북극성으로 떠 있었다. 좋아하는 일을 하다 보니 우연히 부자가 된 케이스는 로또 당첨만큼이나 희박하다. 비즈니스는 철저한 계산과 전략, 그리고 수익을 향한 집요함이 만들어 내는 결과물이지, 순수한 열정의 부산물이 아니다.

현실을 직시해야 한다. 자본주의 시스템은 잔인하다. 자산이 자산을 불리는 속도는 노동이 소득을 올리는 속도를 압도한다. 부자는 더 빠르게 부자가 되고, 가난은 더 끈질기게 우리를 옭아맨다. 우리는 늘 돈에 쫓기며 산다. 돈의 노예가 되지 말라고 가르치지만, 역설적으로 돈이 없으면 원하지 않는 일을 하며 시간을 팔아야 하는 진짜 노예가 된다. 스타 강사 김미경 씨의 말처럼 "남편이 월급을 얼마나 가져오든 생활비는 늘 200만 원이 부족한 법"이다. 이 만성적인 결핍은 우리의 자존감을 갉아먹고, 선택지를 제한하며, 때로는 소중한 행복마저 포기하게 만든다.

직장 생활은 어떤가? 매달 꼬박꼬박 들어오는 월급은 달콤한 마약과 같아서, 당장의 생계는 해결해 줄지 몰라도 당신의 미래까지 책임지지는 않는다. 2026년의 서울, 아니 수도권 어디에서든, 평생 월급을 한 푼도 쓰지 않고 모아도 번듯한 집 한 채를 사기 힘든 것이 현실이다. AI가 화이트칼라의 업무를 대체하기 시작한 지금, 평생직장이나 안정된 고용은 전설 속의 이야기가 됐다. 은퇴 이후의 삶은 더욱 막막하다. 국민연금은 불안하고, 수명은 늘었다.

그러므로 우리는 돈에서 자유로워져야 한다. 막연히 부자를 꿈꾸지 말고, 하루빨리 돈의 속성을 이해하고 자본을 증식시키는 감각을 키워 돈에 쪼들리는 삶에서 탈출해야 한다. 좋아하는 일을 하면 부자가 될까? 복지가 좋은 회사로 이직하면 노후가 해결될까? 글쎄, 잠시 마음의 평화는 얻을지 몰라도 부의 추월 차선에는 영영 진입하지 못할 것이다. 노부모를 부양해야 하는 현실, 아이들의 사교육비, 그리고 무엇보다 당신 자신의 존엄한 노후를 생각한다면 막연한 행복론에 기대고 있을 시간이 없다.

직장에서 임원이 돼 억대 연봉을 받거나 유니콘이 될 초기 스타트업에 합류해 대박 스톡옵션을 받는 것도 물론 가능한 시나리오지만, 이는 극소수에게만 허락된 좁은 문이다. 그래서 수많은 직장인이 퇴근 후에 투 잡을 뛰고, 주식과 코인 창을 들여다보며 재테크에 목숨을 거는 것이다. 하지만 남이 만들어 놓은 판 위에서 걷는 것만으로는 한계가 있다.

결국 해답은 창업이다. 내 비즈니스를 소유하는 것은, 자본주의 사회에서 유일하게 내 노력의 크기만큼 보상을 극대화할 수 있는 레버리지leverage를 쥐는 일이다. 돈은 속물적인 것이 아니다. 돈은 당신에게 거절할 자유를 주고,

예기치 못한 불행에서 사랑하는 사람들을 지키는 방패가 돼 준다. 먹고 싶은 것을 먹고 사고 싶은 것을 사는 정도를 넘어, 내 아이에게 더 넓은 세상을 보여 주고 우리 가족의 삶의 질을 근본적으로 바꾸는 힘은 오직 경제력에서 나온다.

당신 머릿속에 아이디어, 그리고 그것을 실행할 용기만 있다면 이 모든 일이 가능하다. 세상이 정해 놓은 '수저 계급론'을 탓하며 한탄만 하기에는 당신의 인생이 너무나 아깝다. 금수저를 물고 태어나지 못했다면 당신의 손으로 직접 다이아몬드 수저를 깎아서 만들면 된다. 지금 창업을 고민하는 당신의 북극성 지표가 '돈'이라고 해서 부끄러워하지 마라. 그 솔직하고 뜨거운 욕망이야말로, 칠흑 같은 불확실성의 바다에서 당신을 버티게 하고 앞으로 나아가게 할 유일한 빛이다. 욕망하라, 그리고 쟁취하라. 창업은 그 욕망을 현실로 만드는 가장 정직하고 위대한 항해다.

인생 그래프에
우상향 커브를
만들어라

스타트업 생태계에서 가장 사랑받는 알파벳을 꼽으라면 단연 'J'일 것이다. 초기의 죽음의 계곡^{death valley}을 지나 투자가 집행되고, 제품이 시장에 안착하며 매출과 기업 가치가 기하급수적으로 폭발하는 그 매혹적인 성장 곡선이 바로 'J 커브^{J-curve}'다. 창업가들은 이 그래프를 그리기 위해 밤을 지새운다. 그런데 이제 시선을 회사가 아닌 당신이라는 사람에게로 돌려 보자. 당신 인생의 현금 흐름과 성장 곡선은 어떤 모양을 그리고 있는가? 안타깝게도 대다수 직장인의 인생 그래프는 J 자가 아니라 50대를 정점으로 곤두박질치는 '역 U 자'를 그린다. 지금은 당신의 인생 그래프를 냉정하게 점검하고 다시 설계해야 할 골든 타임이다.

100세 시대, 과연 축복일까?

바야흐로 100세 시대다. 아니, AI와 바이오 기술의 특이점이 도래한 2026년 현재, 학계에서는 이미 '120세 시대'를 예고하고 있다. 통계청 자료에 따르면 한국인의 기대 수명은 꾸준히 늘어나 83.6세를 넘어섰고, 최빈 사망 연령은 90세에 육박한다. 의료 기술의 발달로 생명이 연장된 것은 분명 인류의 축복이자 기적이다. 스티브 잡스조차 이렇게 말했다.

"누구도 죽기를 원하지 않는다. 천국에 가고 싶다는 사람들조차도 그곳에 가기 위해 죽기를 원하지는 않는다."

하지만 생존 기간의 증가가 무조건적인 행복을 담보하지는 않는다. 준비되지 않은 장수는 축복이 아니라 '오래 사는 리스크$^{longevity\ risk}$'라는 재앙이 될 수 있다. 특히 경제적 자유가 뒷받침되지 않은 노년은 그 자체로 거대한 고통이다. 우리가 마주한, 그리고 앞으로 뼈저리게 겪어야 할 가장 심각한 문제는 바로 소득 절벽이다. 통상적인 직장인의 퇴직 연령은 일반적으로 50세 전후다. 반면 국민연금을 수령하기 시작하는 나이는 65세다. 즉, 월급은 끊기는데 연금은 나오지 않는 약 10년에서 15년의 거대한 공백기, 이른바 인생의 죽음의 계곡이 우리를 기다리고 있다. 이 기간을 어떻게 버틸 것인가?

연금이라는 환상, 그리고 냉혹한 현실

'국민연금 나오니까 어떻게든 되겠지.'

아직도 이런 막연한 기대를 하고 있다면 당장 그 환상에서 깨어나야 한다. 2026년 국민연금 연구원과 통계청의 데이터를 종합해 보면, 부부가 노후에 기본적인 생활을 영위하기 위한 적정 생활비는 월 320만 원 수준으로 치솟았다. 인플레이션과 물가 상승을 고려하면 이 수치는 매년 가파르게 상승할 것이다. 반면 현실은 어떤가? 20년 이상 가입한 수급자의 월평균 수령액은 여전히 100만 원 초반대다. 부부가 합친다 한들 적정 생활비의 절반도 채우기 버겁다. 이는 단순히 숨만 쉬고 사는 데 필요한 비용이다.

나이 들수록 필연적으로 발생하는 의료비, 자녀의 결혼 자금, 손주들에게 용돈이라도 쥐어 주고 싶은 소박한 욕망까지 고려하면 국민연금은 노후의 안전판이 아니라 얇은 담요에 불과하다. 더욱 잔인한 점은 퇴직 시계가 점점 빨라지고 있다는 것이다. 취업 포털들이 직장인을 대상으로 조사한 체감 퇴직 연령은 평균 50세 초반이고, 심지어 40대 후반으로 응답하는 비율이 늘고 있다. 기업들은 AI 도입과 경영 효율화를 명분으로 희망퇴직과 명예퇴직을 상시화하고 있다. 국가는 연금을 주는 시기를 늦추는데, 내가 회사에서 쫓겨나는 시기는 빠르게 다가오는 진퇴양난의 형국이다.

결국 결론은 명확하다. 국가는 당신의 노후를 책임지지 않으며, 회사는 당신을 끝까지 지켜 주지 않는다. 우리는 더 늙고 병들기 전에 스스로 노후 자금을, 아니 평생 마르지 않는 현금 흐름을 만들어야 한다. 건물주가 돼 임대 소득을 얻거나 배당주에 투자해 불로 소득을 얻는 것이 이상적이겠지만, 이를 위한 종잣돈조차 없는 것이 대다수 월급쟁이의 현실이다. 그렇기에 해답은 창업에 있다. 당장 매달 월급이 꽂히는 지금은 이 말이 절박하게 들리지 않을 수 있다. 하지만 상상해 보라. 50세가 된 어느 날, 회사로부터 책상을 비우라는 통보를 받는 당신의 모습을. 그때 가서 무엇을 할 수 있겠는가? 간담이 서늘해지지 않는가?

근거 없는 낙관주의를 버려라

주변 지인들과 노후 준비나 창업에 관해 이야기하다 보면 흥미로운 심리적 방어 기제를 발견하게 된다. 한쪽은 "100세 시대는 지옥이다"라며 극도의 비관론에 빠져 아무것도 하지 않는다. 반면 다른 한쪽은 특별한 대책도 없으면서 "어떻게든 되겠지, 나중에 한 방이 있겠지"라며 막연한 낙관론에 기댄다. 의외로 후자가 훨씬 많다. 솔직히 고백하자면, 나 역시 후자에 가까운 사람이었다. 남들이 부러워할 만한 IT 기업에 다니며 적지 않은 연봉을 받았고, '어떻게든 되겠지'라면서 별 걱정 없이 살았다. 마음 한구석에는 '열심히 살다 보면 스톡옵션이 터지든, 임원이 되든 해서 노후에는 해외여행이나 다니며 우아하게 살겠지'라는 근거 없는 자신감이 있었다. 하지만 그것은 거품 낀 허상이었다.

IT 기업의 생명 주기는 짧다. 기술 트렌드는 빛의 속도로 변하고, 40대 중반만 넘어도 '고인물' 취급을 받기 일쑤다. 어느 순간 나는 정년이라고 믿었던 55세까지 버티는 일조차 기적에 가깝다는 것을 깨달았다. 더 아이러니한 비극은, 소득이 '제로'를 향해 곤두박질치는 바로 그 시기가 자녀들이 대학에 들어가고 결혼을 준비하는, 즉 인생에서 가장 목돈이 많이 필요한 시기와 정확히 겹친다는 점이다.

이 불일치를 해결하지 않으면 당신의 노후는 가난할 뿐만 아니라 비참해질 수 있다. 돈이 없어서 아이가 배우고 싶어 하는 학업이나 악기, 운동을 포기하고, 아픈 가족들에게 좋은 치료를 받게 해 주지 못하는 상황. 이것이 우리가 돈을 좇지 말라는 뜬구름 잡는 소리에 현혹되지 말고 냉철하게 자본을 직시해야 하는 이유다.

인생 후반전, 창업으로 J 커브를 그려라

지금 당신에게 필요한 것은 막연한 불안감도, 근거 없는 희망도 아니다. 차가운 이성으로 현실을 진단하는 것이다.

- 현재 나의 순자산과 부채는 얼마인가?
- 나의 은퇴 예상 시점은 언제이며, 그때 필요한 월 현금 흐름은 얼마인가?
- 국민연금과 퇴직 연금을 제외하고 내가 스스로 만들어야 할 갭 gap은 얼마인가?

이 질문들에 답하다 보면 알게 될 것이다. 월급을 아껴 쓰고 저축하는 것만으로는 이 거대한 격차를 메울 수 없음을. 결국 당신은 인생을 스타트업처럼 경영해야 한다. 초반에는 엄청나게 몰입하고 리소스를 투입하면서 고통스러운 시간을 보내더라도, 시스템을 구축해 나중에는 노동 시간과 무관하게 수익이 발생하는 J 커브를 그려 내야 한다.

우리는 가족을 부양해야 하는 가장이자 자본주의 사회를 살아가는 생활인이다. 노후에 대한 철저한 준비는 선택이 아닌 의무다. 지금 다니는 회사가 당신의 명함인 시간은 길어야 10년, 20년이다. 그 명함이 사라진 후에도 당신을 지탱해 줄 당신만의 비즈니스, 당신만의 브랜드가 필요하다. 지금이 가장 빠를 때다. 월급이라는 마약에 취해 현실을 외면하지 마라. 인생 후반전을 위한 창업을 지금 당장, 그리고 철저하게 준비하라.

변화하는
자만이
살아남는다

나는 돈을 벌기 위해 두 번의 창업을 했다. 20대에는 일확천금을 꿈꾸며 뛰어들었고, 40대에는 불안한 미래를 대비하기 위해 다시 도전했다. 첫 창업은 무지성, 무경험, 무자본의 소산이었다. 젊음이라는 땔감을 태워 잠을 줄여 가며 일했지만, 회사를 운영하는 기본기도, 회계 지식도 전무했다. 투자 유치는 감히 꿈도 꾸지 못했다. 결국 뼈아픈 실패 후 '좀 더 큰 회사를 만들려면 큰물에서 놀아 봐야겠다'라는 생각으로 회사를 정리했다. 이후 카카오에 입사했고, 야후코리아를 거쳐 네이버에서까지 약 13년이라는 긴 시간을 직장인으로 살았다.

사업을 접고 입사할 때 내 계획은 완벽해 보였다.

‘딱 10년만 직장 생활 하면서 전문성, 자본력, 인맥을 키우고 다시 창업하자.’

하지만 인생은 언제나 계획대로 되지 않는 법이다. 결혼을 하고 아이가 태어나면서 따박따박 들어오는 월급의 달콤함에 중독돼 갔다. 창업은 점점 하기 싫어 뒤로 미루는 방학 숙제처럼 변해 버렸다. 한편으로는 가장의 무게가 발목을 잡았다. 이상하게도 가진 것은 별로 없는데 잃을 것은 점점 늘었다. 잃을 것이 많을수록 거기에 비례해서 두려움은 커지고, 지켜야 할 게 늘어날수록 사고는 보수적으로 굳기 마련이다.

준비되지 않은 창업, 그 뒤에 도사린 지옥

나는 창업에 대해 다시 체계적으로 배우고 싶었다. 서점을 뒤지고 인터넷 바다를 헤맸지만, 정작 내게 필요한 진짜 정보는 없었다. 이미 성공한 영웅들의 무용담은 넘쳐 났지만, 맨땅에 헤딩하는 초보 창업자가 피와 살이 되게 씹어 먹을 수 있는 실전 노하우나 처절한 실패담은 찾기 힘들었다. 내가 이 책을 쓰기로 결심한 이유도 바로 여기에 있다. 그때의 나처럼 막연한 두려움 앞에 서성이는 예비 창업자들에게, 내가 ‘스트리트 파이터’처럼 온몸으로 구르며 배운 생생한 기록을 전하고 싶어서다.

창업을 하면서 인생은 계획대로 되지 않는다는 것을 뼈저리게 배웠다. 회사를 다니며 준비했던 창업은 취미로 배우는 기타처럼 진도가 나가지 않았고, 서로의 욕망만 번들거리던 급조된 창업 팀은 모래성처럼 무너졌다. 그리고 마침내 사표를 던지고 나온 순간, 나는 철저한 ‘듣보잡(듣도 보도 못 한

잡배)'이 됐다. 휴대폰에 저장된 수천 명의 인맥은 회사의 간판이 사라지는 순간 신기루처럼 증발했다. 좋은 명함이 만들어 준 인연은 내 배경이 사라지자 가차 없이 끊겼다.

뒤에서 더 상세히 설명하겠지만, 핵심 기술이 다른 사람의 손을 타게 되면서 소송 직전까지 가는 진흙탕 싸움이 일어났다. 결국 사업은 그렇게 좌초되고 말았다.

지옥은 죽어서만 가는 곳이 아니었다. 나에게는 그때가 생지옥이었다. 사람을 잃고, 돈을 날리고, 평판은 바닥을 쳤다. 믿었던 사람에게 배신당하고 건강마저 무너졌다. 사무실 얻을 돈이 없어 6개월간 집구석에 틀어박혀 은둔했다. 사람이 무섭고 세상이 싫었다. 끝이 보이지 않는 깊은 동굴 속으로 스스로 걸어 들어가는 기분이었다. 어머니는 그런 아들 걱정에 수면제 없이는 잠을 이루지 못하셨다.

이래서는 안 됐다. 나만 바라보는 아내와 아이들의 눈망울을 보며, 이대로 무너질 수는 없다고 입술을 깨물었다. 멘탈을 부여잡고 억지로 몸을 일으켜 운동을 시작했다. 내가 걷고 있는 곳이 끝없는 동굴이 아니라, 언젠가는 끝이 나오는 터널이라 믿으려 애썼다.

'기어서라도 가다 보면 반드시 빛을 볼 것이다.'

그렇게 되뇌며 첫 번째로 한 일은, 다시 새로운 팀을 꾸리는 것이었다.

새로운 팀을 위해 가장 먼저 떠올린 사람은 대학원 시절 창업 경진 대회에서 만났던, 나보다 12살 어린 젊고 똑똑한 친구였다. 연락이 닿자 그 역시 나를 만나고 싶었다며 반가워했다. 그는 나 같은 '늙은 말'의 경험과 지혜가 필요했고, 나는 그 같은 '젊은 피'의 패기가 절실했다. 우리는 서로에게 서로의 사업 아이템을 피칭했다. 나는 아이디어와 조악한 웹사이트뿐이었지만, 그는 이미 '스파크랩'이라는 탑 티어 액셀러레이터의 투자를 유치하고 매출까지 내고 있었다. 나는 과감히 내 사업을 접고 그의 공동 창업자로 합류해 회사를 키우는 데 올인하기로 했다.

그 결단 덕분에 나는 긴 터널을 빠져나올 수 있었다. 세 명이서 시작한 회사는 쉰여 명의 기업으로 성장했고, 누적 100억 원의 투자를 유치했다. 그 치열한 과정 속에서 창업과 경영에 대한 진짜 노하우가 내 안에 쌓였다.

독일의 대문호 괴테는 말했다.

"배는 항구에 있을 때 가장 안전하다. 그러나 그것이 배의 존재 이유는 아니다."

카카오 김범수 의장이 안락한 네이버를 박차고 나올 때 인용한 말이기도 하다. 직장은 항구다. 비바람을 막아 주고 월급이라는 보급품을 준다. 그곳에 머무는 것이 가장 안전하다. 하지만 직장이 당신 인생의 존재 이유는 아닐 것이다. 기억하라. 그 항구는 결코 영원히 안전한 곳이 아니다. 불확실성의 파도가 넘실대는 2026년, 유일하게 확실한 진리는 변화하는 자만이 살아남는다는 것이다. 그러니 지금부터 닻을 올릴 준비를 하라. 당신의 배가 항구를 떠나 거친 파도와 폭풍우를 뚫고, 마침내 만선滿船의 기쁨을 안고 돌아오기를 진심으로 응원한다.

2장

스타트업
처음부터
시작하기

START UP

새로운 스타트업 시장에 적응하는 법

후회를
최소화하는
길

"축하한다. 그런데 너, 이제 '마름'이 된 거야."

네이버에서 부장으로 승진하고 한껏 고양된 기분으로 선배를 찾아갔을 때 들은 말이다. 순간 귀를 의심했다. 마름이라니. 조선 시대에나 쓸 법한 단어를 21세기 최첨단 기업에서 부장이 된 상황에 듣게 될 줄은 몰랐다. 마름은 과거에 지주를 대신해 소작농을 관리하던 대리인을 뜻한다. 선배는 씁쓸한 표정으로 설명을 덧붙였다. 지주는 땅을 소유하고 소작료를 챙기지만, 마름은 그 땅이 자기 것도 아니면서 지주의 눈에 들기 위해 소작농을 쥐어짜고 괴롭히는 존재라고. 그러면서 회사라는 조직의 중간 관리자가 딱 그 마름 꼴이라고 했다.

후배의 승진을 축하하지는 못할망정 왜 찬물을 끼얹나 싶어 불쾌했지만, 집으로 돌아오는 길 내내 그 단어가 머릿속을 떠나지 않았다. 반박할 수가 없었기 때문이다. 꽤 이름난 대기업 명함을 달고 나름대로 조직에서 인정받으며 일한다는 자부심이 차오른 상태였는데, 요즘 말로 현타(현실 자각 타임)가 왔다. 냉정하게 따져 보자. 나는 회사의 주인인가? 아니다. 그렇다면 나는 내 노동력을 온전히 나의 자산을 위해 쓰고 있는가? 그것도 아니다. 나는 거대한 시스템의 부품이자, 지분을 소유한 경영진과 주주(지주)의 이익을 위해 후배(소작농)들을 관리하는 마름에 불과했다.

'그래, 내가 이 조직에서 아무리 날고 기어 봤자 결국 마름을 벗어날 수는 없겠구나.'

그날 밤, 잊고 있던 욕망이 꿈틀거렸다. 나도 마름이 아니라 지주가 되고 싶었다. 20대에 패기 하나로 덤볐던 작은 창업 경험이 있었지만, 매달 25일이면 어김없이 들어오는 월급이라는 달콤한 마약에 취해 그 뜨거웠던 열정을 애써 외면하고 살아왔다. 하지만 지금은 상황이 달랐다. 20대에는 막연히 '대박'을 꿈꿨다면, 40대가 된 당시는 '생존'과 '노후'라는 묵직한 돌덩이가 가슴을 짓누르고 있었다. 이대로 평범한 회사원으로, 남의 밭을 갈아 주다가 정해진 시기에 용도 폐기 돼 은퇴하고 싶지는 않았다.

2026년 현재, 자본주의 사회는 겉보기에 세련되고 평등해 보이지만 그 이면에는 더욱 견고한 계급이 존재한다. 인터넷 커뮤니티를 달구는 '수저 계급론'은 단순한 자조 섞인 농담이 아니다. 2026년 기준 금수저의 기준은 자산 30억 원 이상, 혹은 가구 연 소득 3억 원 이상으로 더 높아졌다. 내 소득과 자산을 대입해 보니 흙수저에서 발버둥 쳐서 동수저까지는 어떻게든 가 보겠지만, 월급쟁이 신세로는 은수저 이상의 벽을 넘는 것이 현실적으로 불가능해 보였다. 불편하고 서글펐지만, 인정해야 할 차가운 현실이었다.

문제는 잃을 것에 대한 두려움이었다. 앞서 말한 대로 가진 것은 별로 없는데 잃을 것은 너무 많았다. 무럭무럭 자라나는 아이들의 교육비, 점점 약해지시는 부모님의 병원비, 그리고 숨만 쉬어도 빠져나가는 아파트 대출 원리금까지. 내가 지금 누리는 중산층의 삶, 주말에 가족과 외식하고 가끔 여행을 떠나는 이 소소한 행복은 전적으로 나의 월급에 의존하고 있었다. 창업을 한다는 것은 이 안전한 울타리를 걷어차고 허허벌판으로 나가는 것이다. 윤태호 작가의 《미생》에서는 회사를 전쟁터로, 회사 밖의 삶을 지옥으로 표현한다. 그 지옥 같은 삶이 1년이 될지, 3년이 될지, 아니면 영원히 끝나지 않을지는 아무도 장담할 수 없다.

아주대학교 심리학과의 김경일 교수는 "인간이 가장 견디기 힘들어하는 감정은 공포가 아니라 불안"이라고 했다. 승진의 기쁨을 누려야 할 시기에 내 인생 최대의 불안이 엄습해 왔다. 더 높이 올라가고 싶은 욕망과 가진 것을 잃을까 봐 떨리는 불안이 마음속에서 엉켜 춤을 췄다. 이 혼란을 잠재우기 위해 나는 소위 '직장인의 별'이라 불리는 임원들을 찾아다녔다. 내가 다니는 회사뿐만 아니라 다른 대기업에서 임원까지 오른 선배들을 만나 솔직한 이야기를 구했다. "선배, 임원이 되면 좋아요? 마름에서 벗어난 기분인가요?"라고 물었다.

돌아온 대답은 충격적이었다. 연봉이 오르고, 자기 방이 생기고, 법인 카드의 한도가 늘어난 것, 기사 딸린 차가 나오는 것 같은 장점을 제외하면 그들의 불안은 일반 직원보다 훨씬 더 크고 날카로웠다. 그들은 하나같이 자조 섞인 농담을 던졌다.

"임원任員? 그거 '임시 직원'의 약자야. 가능하면 임원 달지 말고 최대한 정규직으로 오래 버텨."

실제로 임원이 되는 순간 법적으로는 정규직에서 계약직으로 신분이 바뀐다. 성과를 내지 못하면 언제든, 아무런 법적 보호 없이 짐을 싸야 한다. 회사의 주인이 된 것 같지만, 사실은 파리 목숨인 것이다. 대부분의 직장인은 임원을 목표로 평생을 바치지만, 정작 그 목표를 이룬 사람들의 얼굴에는 행복보다 피로와 불안이 더 짙게 배어 있었다. 승진은 축복이 아니라 더 높은 절벽 위로 올라가는 일일 뿐이었다.

결론은 명확했다. 임원이 돼도 문제, 안 돼도 문제였다. 직장이라는 시스템 안에서는 내 운명의 키를 내가 쥘 수 없었다. 그렇다면 남은 인생을 어떻게 살아야 하는가? 그때 내 머릿속을 강타한 것이 바로 아마존의 창업자 제프 베이조스가 말한 '후회 최소화 프레임워크regret minimization framework'였다. 이 프레임워크의 핵심은 복잡한 현재의 변수들을 다 지우고 시점을 미래로 옮기는 것이다. 상상해 보라. 내가 80살이 됐다. 지나온 인생을 흔들의자에 앉아 회고한다. 그때, 40대의 내가 어떤 선택을 했을 때 덜 후회할 것인가?

내 앞에는 두 가지 갈림길이 있었다. 첫 번째 길은 계속 회사에 다니며 승진을 위해 아등바등하다가, 임원이 되든 명예퇴직을 당하든 50대 중반에 떠밀려 나오는 삶이었다. 두 번째 길은 지금 당장은 불안하고 힘들더라도, 내 아이템으로 작게나마 나의 회사를 만들고 내 운명을 스스로 개척해 보는 삶이었다. 첫 번째 길을 선택하면 80살이 됐을 때 뼈저리게 후회할 것 같았다. '그때 한번 저질러 볼걸. 망하더라도 내 이름으로 한번 살아볼걸'이라는 후회가 평생 나를 괴롭힐 것 같았다. 반면, 창업했다가 실패해 후회한들 적어도 시도조차 하지 않고 후회하는 것보다는 나으리라 확신했다. 실패하면 다시 일어서면 되지만, 시도하지 않으면 가능성이 제로가 되기 때문이다.

이 프레임워크를 대입하는 순간, 안개처럼 뿌옇던 머릿속이 선명해졌다. 마름으로 남을 것인가, 지주가 될 것인가. 월급이라는 마약에 취해 서서히 죽어 갈 것인가, 고통스럽더라도 깨어 있는 삶을 살 것인가. 나는 후자를 택했다. 후회를 최소화하는 길, 그것이 곧 가장 나다운 삶을 사는 길이라 믿었다. 그렇게 나는 안정된 직장인이라는 허물을 벗고, 다시 한번 거친 광야로 나서는 두 번째 창업을 결심했다.

40세,
맨땅에
헤딩하다!

2014년, 내 나이 마흔이 되던 해에 나는 백수가 됐다. 공자께서는 마흔을 세상의 유혹에 흔들리지 않는 '불혹不惑'이라 하셨지만, 21세기에 마흔은 불혹이 아니라 생존의 파도에 가장 격렬하게 흔들리는 '유혹'의 시기였다. 대부분의 사람이 상상하는 40대의 초상은 여유와 안정이 깃든 모습일 것이다. 드라마틱한 대박 인생은 아니더라도, 서울 하늘 아래 내 몸 하나 누일 적당한 아파트 한 채와 가족을 태울 만한 세단, 그리고 주말이면 필드에 나가 골프채를 휘두르는 윤택한 삶. 나 역시 그런 중년이 돼 있을 것이라 막연히 믿었다. 2025년에 JTBC에서 인기리에 방송된 〈서울 자가에 대기업 다니는 김 부장 이야기〉의 김 부장이 대부분의 직장인들이 바라는 전형적인 40대의 모습일 것이다. 물론 김 부장이 회사에서 잘리기 전의 모습 말이다. 하지만 현실의 거울 앞에 선 나는 여전히 철없고, 가진 것은 쥐뿔도 없으면서 나이만 먹어 버린 덩치 큰 소년에 불과했다.

회사를 다니며 소위 '투 잡'으로 준비했던 창업 팀은 모래성처럼 무너졌다. 비즈니스의 비전이나 성과보다 각자의 이해관계가 앞섰고 신뢰가 형성되기 전에 갈등의 골이 깊어졌다. 속도가 나지 않아 회사를 퇴사하고 준비했지만 결국 팀은 와해됐고, 지난 13년간 내 이름 석 자를 지탱해 주던 든든한 뒷배, 즉 회사의 명함이 사라지는 순간 나는 야생에 홀로 덩그러니 남겨졌다. 조직의 힘을 내 능력으로 착각했던 대가는 혹독했다. 소속과 계급장이 떼인 나는 보잘것없는 '듣보잡'일 뿐이었다.

그 절망의 끝자락에서 한 줄기 빛이 내려왔다. 중소벤처기업부에서 주관하는 '창업 맞춤형 사업'에 선정돼 5,000만 원이라는 거금을 지원받게 된 것이다. 게다가 '글로벌 스타트업 2014'에도 이름을 올리며 클라우드 서버를 비롯한 다양한 인프라 지원을 받게 됐다. 나에게 남은 마지막 동아줄이자, 다시 일어설 수 있다는 유일한 희망의 증거였다. 나는 이 두 가지 기회를 지렛대 삼아 어떻게든 상황을 뒤집어 보고자 했다.

하지만 의욕과 달리 주어진 선택지는 빈약했다. 개발자도, 디자이너도 없는 '나 홀로 사장'에게는 두 가지 길뿐이었다. 다시 처음부터 사람을 찾아 팀 빌딩team building을 하거나, 자본의 힘을 빌려 개발과 디자인을 아웃소싱outsourcing 하는 것. 비즈니스의 정석대로라면 당연히 내 사람을 찾아 팀을 꾸려야 했다. 스타트업의 본질은 결국 '사람'이기 때문이다. 하지만 한 차례 팀이 붕괴한 일을 겪으며 생긴 트라우마 때문에 새로운 사람 만나는 일이 무서웠다. 무엇보다 현실적인 문제가 발목을 잡았다. 당장 내 입에 풀칠하기도 버거운 상황인데 누군가에게 매달 급여를 지급한다는 것은 현실적으로 불가능했다.

결국 나는 쉬운 길을 택했다. 지인의 소개를 받아 업력이 꽤 되는 웹 서비스 제작 업체와 계약을 체결했다. 이것이 팀 빌딩 이후 두 번째로 저지른 실패이자 가장 치명적인 패착이었다. 준비되지 않은 창업자가 저지르는 전형적인 시행착오였다. 처음 미팅 때만 해도 그 업체는 구세주 같았다. 화려한 포트폴리오와 담당자의 자신감 넘치는 태도는 내 불안을 잠재우기에 충분했다. 그들은 내가 원하는 모든 기능을 내가 원하는 일정 안에 마법처럼 구현해 줄 것이라 호언장담했고, 심지어 사업적인 조언까지 아끼지 않았다. 나는 안도의 한숨을 내쉬었다. '그래, 팀이 없으면 어때. 기술은 돈으로 사면 그만이지'라는 오만한 생각으로 스스로를 위로했다. 이 업체와 함께 멋진 서비스를 만들어 전화위복의 계기로 삼겠노라 다짐했다.

그러나 계약서에 도장을 찍고 잔금을 치르는 순간 갑과 을의 관계는 미묘하게 바뀌기 시작했다. 개발 일정은 고무줄처럼 늘어졌다. 닦달 끝에 받아 본 테스트 버전의 웹사이트는 그야말로 처참했다. 디자인은 조악하기 그지 없었고, 버튼 하나를 누를 때마다 버그가 튀어나왔다. 밤새 테스트를 하면서 뭔가 크게 잘못됐다고 느꼈지만 돌아가기에는 너무 멀리 와 있었다. 나는 찜찜하고 불편한 마음을 애써 누르며 계속해서 테스트했다. 엑셀 파일에 수십, 수백 개의 버그 리포트를 작성해 보내면서도 스스로에게 최면을 걸었다.

'이것만 수정하면 괜찮을 거야. 조금만 견디면 다른 스타트업들처럼 그럴 듯한 서비스가 탄생할 거야.'

그것은 희망이 아니라 망해 가는 현실을 부정하고 싶은 처절한 자기방어였다.

상황은 나아지기는커녕 악화 일로를 걸었다. 당초 약속보다 6개월이나 지체된 끝에 출시된 서비스는 부끄러워서 누구에게도 보여 줄 수 없는 애물단지였다. 그런데도 업체는 잔금을 받으려고 프로젝트를 서둘러 종료하려 들었다. 나중에야 알게 된 충격적인 진실은, 나에게 배정됐다던 전담 인력(기획자 한 명, 개발자 두 명, 디자이너 한 명)이 사실은 동시에 3~4개의 다른 프로젝트를 돌리고 있었다는 것이다. 그들에게는 내 서비스가 세상을 바꿀 혁신이 아니라, 빨리 해치워야 할 N분의 1짜리 일감에 불과했던 것이다. 리소스를 쪼개서 투입하니 퀄리티가 떨어지고 일정이 밀리는 것은 필연적인 결과였다.

결국, 외주 업체를 통한 나의 야심 찬 웹 서비스 개발은 완벽한 실패로 막을 내렸다. 어떻게든 살아남기 위해 피 같은 정부 지원금 중 3,000만 원을 쏟아부어 만든 결과물은 단 한 명의 사용자도 만족시킬 수 없는 디지털 쓰레기가 돼 버렸다. 나는 그 과정에서 단순히 돈만 잃은 것이 아니었다. 창업가로서의 자존감, 그리고 다시 시작할 수 있다는 자신감마저 모조리 잃어버렸다.

40살의 어느 날, 나는 나와 닮은 버그투성이인 웹사이트를 멍하니 바라보며 깨달았다. 기술 기반의 스타트업이 핵심 역량인 기술을 외주 주는 것, 그것은 내 심장을 남의 손에 맡기는 자살행위와 같다는 것을. 이 뼈아픈 교훈을 얻기 위해 나는 너무나 비싼 수업료를 치러야만 했다. 준비되지 않은 창업자가 마주한 냉혹한 현실의 민낯이었다.

예비 창업가들이
반드시
알아야 하는 것

　준비되지 않은 창업은 안 하느니만 못하다. 그것은 용기가 아니라 무모함이고 패가망신으로 가는 가장 확실한 지름길이다. 너무 가혹한 말처럼 들릴지 모르겠다. 하지만 당신뿐만 아니라 당신을 믿어 준 가족의 삶까지 송두리째 흔들어 복구 불가능한 피해를 입을 수도 있기에, 선배 창업가로서 뼈를 때리는 심정으로 강조할 수밖에 없다. 제발 창업하기 전에 준비부터 철저히 하자. 기본기도 없이, 치열한 고민도 없이 안일한 마음으로 덤비는 이들에게는 참혹한 결말이 기다릴 것이다.

　너무나 많은 사람들, 특히 2030 청년들이 창업을 지나치게 낭만적으로 생각하거나 스펙 쌓기의 일환으로 가볍게 여긴다. 국세청과 통계청의 최신 데이터를 살펴보면 현실은 공포 영화보다 더 무섭다. 고금리와 경기 침체가 지속된 2023~2024년, 자영업 폐업률은 역대 최고치를 경신했다. '개업보다 폐업이 많아지는' 데드 크로스 현상이 곳곳에서 목격됐다. 열 명이 문을 열면 일곱 명 이상이 3년을 버티지 못하고 문을 닫는다. 그나마 문을 닫으면 다행일지도 모른다. 빚더미에 앉아 폐업조차 마음대로 못 하는 '폐업 불가' 상태의 자영업자들도 부지기수다.

스타트업이라고 다를까? 오히려 더 냉혹하다. 요즘 대학가는 창업 열풍이다. 정부와 학교의 지원 시스템이 워낙 잘 갖춰져 있어, 마음만 먹으면 창업 동아리방 하나 지원받는 것은 그리 어려운 일이 아니다. 더군다나 AI 열풍이 불면서 노코딩no-coding으로 앱을 손쉽게 개발할 수 있는 환경이 되다 보니 개발자 없이도 창업하기가 쉬워졌다. 하지만 멘토링 현장에 나가 보면 가슴이 답답해질 때가 많다. 시장의 문제를 해결하겠다는 치열함보다는, 취업이 안 돼서 도피처로 창업을 선택하거나 대기업 입사를 위한 '스펙 쌓기용'으로 사업자 등록을 내는 팀들을 너무나 많이 마주한다. 안타깝게도 이런 '무늬만 스타트업'들이 공간과 자금을 차지하면서, 정말 목숨 걸고 성공을 갈망하는 진짜 창업가들에게 돌아가야 할 기회비용을 갉아먹고 있다.

확률적으로 스타트업 세계에서 소위 '대박'이 터지는 일은 불가능에 수렴한다. 대박은커녕 생존 자체가 기적이다. 중소벤처기업부의 기업 생존율 최신 통계를 보면 1년 차 생존율은 60퍼센트대지만, 5년 차가 되면 20퍼센트대로 곤두박질친다. 10년 뒤에도 살아남아 제 몫을 하는 기업은 100개 중 8개도 되지 않는다. 혹자는 "생각보다 높은데요?"라고 반문할지 모른다. 하지만 이 수치에는 거대한 함정이 숨어 있다. 서류상으로만 살아 있을 뿐, 실제로는 뇌사 상태나 다름없는 '좀비 기업'들이 통계에 포함돼 있기 때문이다. 좀비 기업이란 직원들에게 제때 급여를 주지 못하거나, 실질적인 매출을 내는 대신 정부 지원금만 타러 다니는 지원금 헌터, 폐업할 돈도 없어 겨우겨우 인공호흡기를 달고 연명하는 회사를 말한다. 명목상 대표이고 CEO지만 실상은 직원들 급여도 못 주면서 빚에 쫓기는 채무자의 삶. 이것을 진정한 의미의 '생존'이라 부를 수 있을까?

우리가 흔히 아는 토스, 직방, 마켓컬리, 당근 같은 기업들은 이처럼 척박한 정글에서 0.01퍼센트의 확률을 뚫고 탄생한 돌연변이, 즉 '유니콘 기업(기업 가치 1조 원 이상)'이다. 유니콘은 상상 속에서나 존재하는 전설의 동물이다. 그만큼 스타트업이 유니콘이 되는 것은 현실 세계에서 기적에 가깝다는 뜻이다. (참고로 100억 달러, 즉 10조 원 이상의 가치를 가진 기업은 뿔이 10개 달렸다고 해서 '데카콘'이라 부른다.) 이 화려한 성공 신화에 매몰돼 자신의 준비 부족을 운이나 열정으로 메울 수 있다고 착각해서는 안 된다.

우리는 "시작이 반이다"라는 속담을 자주 쓴다. 무엇이든 주저하지 말고 도전해 보라는 격려의 의미로는 훌륭한 말이다. 하지만 적어도 창업의 세계에서만큼은 절대 그 말을 믿지 않기를 바란다.

창업에서 시작은 그저 시작일 뿐이다. 반은커녕, 0.1퍼센트도 되지 않는다. 준비하지 않은 시작은 첫 단추를 잘못 끼우는 실수 정도가 아니라 낭떠러지 앞에서 눈을 가리고 뛰어내리는 일과 같다. 인생을 순식간에 생지옥으로 바꾸는 트리거가 된다. 최고의 스펙과 경험을 가진 전문가들이 수개월, 아니 수년 동안 밤잠을 설쳐 가며 치밀하게 준비해도 성공을 장담할 수 없는 곳이 2026년의 스타트업 전장이다. 하물며 어설픈 준비로 뛰어든다면? 결과는 보나 마나 참혹할 것이다.

준비된 자만이 기회가 왔을 때 그것이 기회임을 알아보고 낚아챌 수 있다. 아이템 선정부터 팀 빌딩, 논리적이고 성과가 중심인 사업 계획서 작성, 수익을 창출할 비즈니스 모델 수립, 고객을 데려올 마케팅과 영업 전략, 그리고 런웨이runway를 확보할 투자 유치까지, 창업가는 이 모든 것을 미리 공부하고 시뮬레이션하고 철저하게 검증해야 한다. 시행착오를 '제로'로 만들 수는 없겠지만, 적어도 재기 불가능한 실패는 막아야 한다.

그러니 제발 부탁한다. 명함 파고 사무실 얻는 것에 들뜨지 말고, 보이지 않는 물밑에서 치열하게 준비하라. 그 지루하고 고통스러운 준비의 시간만이 당신을 이 냉혹한 정글에서 지켜 줄 유일한 갑옷이다.

고객의 짜증과
한숨 속에
비밀이 있다

"도대체 어떤 아이템으로 창업해야 할까요?"

예비 창업자들을 만나면 가장 많이 듣는 질문이다. 그들은 뭔가 세상에 없던 기상천외한 것, 혹은 AI나 블록체인처럼 최첨단 기술이 접목된 거창한 것을 찾아야 한다는 강박에 시달리고는 한다. 하지만 단언컨대, 위대한 비즈니스는 발명가의 실험실이 아니라 우리 일상의 지루하고 불편한 순간들 속에서 탄생했다. 사업의 본질은 결국 고객의 문제를 해결해 주는 것이기 때문이다.

맞벌이 부부의 피로감이 혁신을 만들다

대표적인 사례가 바로 '새벽 배송'의 시대를 연 마켓컬리다. 김슬아 대표의 창업 동기는 거창한 유통 혁명이 아니었다. 그녀 역시 결혼 후 맞벌이 생활을 하는 평범한 직장인이었다.

평일 내내 야근에 시달리고 맞이한 주말, 꿀맛 같은 휴식을 취하고 싶지만 냉장고를 채우기 위해 대형 마트로 향해 '장보기 노동'을 해야 하는 것이 현실이었다. 어쩔 수 없이 주말에 일주일 치 식재료를 한꺼번에 사서 쟁여 두면 절반은 시들어서 버리기 일쑤였다.

'왜 맛있는 음식을 먹는 일이 이렇게 피곤해야 할까? 퇴근하고 집에 오면 문 앞에 신선한 식재료가 와 있으면 안 될까?'

이 지극히 개인적인 불만과 피로감이 바로 '샛별 배송'의 시작이었다. 마켓컬리는 2026년 현재, 단순한 유니콘 기업을 넘어 국내 이커머스 시장에서 흑자 경영을 달성하며 지속 가능한 성장을 증명해 낸 대표적인 기업이 됐다. 그들이 가져온 변화는 실로 엄청나다. 온라인 쇼핑몰에서 신선 식품을 주문한다니, 과거에는 상상하기 힘든 일이었다. 택배가 오기까지 2~3일이 걸리니 채소는 시들고 고기는 상하기 십상이었기 때문이다.

하지만 마켓컬리가 '밤 11시 전에 주문하면 내일 아침 7시 문 앞에'라는 새로운 공식을 만들어 내자, 불가능해 보였던 온라인 신선 식품 시장이 폭발했다. 이후 쿠팡의 '로켓 프레시', SSG의 '쓱 배송' 등 유통 공룡들까지 이 전쟁에 뛰어들며 이제 대한민국에서 신선 식품 새벽 배송은 특별한 서비스가 아닌 당연한 일상이 됐다. 김슬아 대표가 자신의 불편함을 그냥 지나치지 않고 비즈니스로 연결했기에 가능한 혁명이었다.

스타트업 용어로 이를 '페인 포인트pain point', 즉 '통증 점'이라 부른다. 고객이 일상생활이나 업무를 수행하면서 겪는 불편함, 불안, 고통, 비효율을 의미하는 말이다. 창업 아이템은 결국 이 통증을 치료해 주는 진통제여야 한다. 비타민처럼 먹으면 좋고 안 먹어도 그만인 아이템보다는, 당장 머리가 깨질 듯이 아파서 찾지 않고는 못 배기는 진통제 같은 아이템이 성공할 확률이 압도적으로 높다.

많은 예비 창업자가 좋은 아이템이 없다고 한탄한다. 하지만 아이템이 없는 것이 아니라, 불편함을 감지하는 촉이 무딘 것이다. 글로벌 기업들의 탄생 비화를 보자.

비 오는 날 택시가 안 잡혀 발을 동동 구르던 짜증에서 '우버'가 나왔고, 여행지에서 천편일률적인 호텔 방이 아닌 현지인의 삶을 살아 보고 싶다는 갈증에서 '에어비앤비'가 탄생했다. 보증금 수천만 원을 내고 사무실을 구해야 하는 스타트업의 막막함이 '위워크'를 만들었고, 복잡한 공인 인증서와 보안 카드의 불편함이 간편 송금의 대명사 '토스'를 만들었다. 수천 장의 명함을 받아 놓고도 정리를 못 해 인맥 관리가 안 되던 영업 사원의 고민이 국민 명함 앱 '리멤버'가 됐다.

이것들은 모두 우리 곁에 늘 존재하던 문제였다. 다만 누군가는 "원래 그런 거야"라고 체념하며 감수했고, 창업가들은 '이걸 바꾸면 돈이 되겠다'라고 생각하고 실행했을 뿐이다.

작은 틈새에서 시작해 시장을 넓히다

내가 공동 창업한 프롭테크proptech 스타트업 '스테이즈' 역시 마찬가지였다. 우리의 시작은 거창한 부동산 플랫폼이 아니었다. 국내에 온 외국인 유학생이나 비즈니스맨이 겪는 아주 구체적인 '불편함'에 집중했다. 한국에 3개월에서 6개월 정도 머물러야 하는데, 호텔은 너무 비싸고 일반 원룸은 1년 단위 계약을 요구하니 갈 곳이 없는 상황이었다.

그래서 우리는 이 '단기 임대'라는 사각지대의 고통을 해결하는 것에서 시작했다. 그런데 사업을 하다 보니 현장에서 새로운 목소리가 들리기 시작했다.

"서비스가 좋아서 1년 더 살고 싶어요."
"이런 스타일의 인테리어가 된 방은 없나요?"

고객의 니즈는 진화했고, 우리는 그 목소리를 따라 단순 중개를 넘어 임대관리업으로, 나아가 직접 방을 빌려 리모델링한 후 재임대하는 운영업으로 비즈니스 모델을 확장했다. 처음부터 모든 그림을 그리고 시작한 것이 아니었다. 고객의 작은 불만을 해결해 주다 보니, 그들이 더 큰 시장으로 우리를 이끌어 준 것이다.

성공한 유니콘들은 모두 불만 해결사다

지금 우리 삶에 깊숙이 들어와 있는 서비스들을 떠올려 보자. 이들은 하나같이 우리가 겪던 지긋지긋한 문제들을 해결해 준 해결사들이다.

우선 먹고 사는 문제를 보자. 전단지를 뒤적이며 전화를 걸어야 했던 배달 주문의 번거로움을 '배달의민족'이 스마트폰 터치 몇 번으로 끝내 버렸다. 중고 거래를 할 때마다 '사기당하지 않을까?' 불안했던 마음을 '당근'이 동네 이웃과의 직거래라는 신뢰 시스템으로 해결하며, 이제는 단순 중고 거래 플랫폼을 넘어 하이퍼 로컬 커뮤니티로 진화했다.

여가와 생활 영역은 어떤가. 눈치를 보며 모텔촌을 전전하며 해야 했던 숙박 예약을 '야놀자'와 '여기어때'가 양지로 끌어올려 쉽고 당당하게 만들었다. 렌터카를 빌리기 위해 서류를 작성하고 멀리까지 찾아가야 했던 불편함을 주차장에 세워진 차를 앱으로 문을 여는 경험으로 '쏘카'가 혁신했다. 인테리어 업체의 고무줄 견적에 시달리던 사람들은 '집닥'과 '오늘의집'을 통해 투명한 견적과 시공 사례를 보며 안심하게 됐다.

전문적인 영역에서도 마찬가지다. 자동차 수리비를 바가지 쓸까 봐 걱정하던 운전자들은 '카닥'에서 사진 몇 장으로 견적을 비교한다. 모르는 수학 문제를 붙잡고 끙끙대던 학생들은 '콴다'를 통해 사진을 찍어 올리면 AI가 풀이해 주는 마법을 경험한다. 아픈데 문 연 약국을 몰라 헤매던 환자들은 '굿닥'을 켜고, 프리랜서 전문가를 찾기 힘들었던 기업들은 '크몽'과 '위시켓'에서 검증된 인재를 만난다. 대학생들의 복잡한 시간표 짜기를 해결한 '에브리타임', 코로나 팬데믹 상황에서 대면 회의의 불가능함을 해결한 '줌'까지, 성공한 기업들의 공통점은 명확하다. 그들은 기술을 자랑한 것이 아니라, "아, 이거 진짜 불편한데 누가 좀 안 해 주나?"라는 사람들의 한숨 소리를 놓치지 않았다.

최고의 아이템을 멀리서 찾지 마라. 지금 당장 당신의 하루를 돌아보라. 오늘 아침 출근길에, 점심 식사 메뉴를 고를 때, 업무를 처리할 때, 퇴근 후 집 안일을 할 때 당신을 짜증 나게 했던 것은 무엇인가? 혹은 당신의 아내, 남편, 부모님, 자녀가 "이건 왜 이렇게 불편해?"라고 투덜거렸던 순간은 언제인가?

그 불편함 속에 사람들이 지갑을 여는 진짜 기회가 숨어 있다. 창업가에게 고객의 불만은 듣기 싫은 소음이 아니라 가장 달콤한 초대장이다.

창업 아이템
선정 기준
배우기

어릴 때부터 유난히 손재주가 좋았던 한 소녀가 있었다. 그녀는 초등학생 시절부터 집에 있는 미싱을 돌려 강아지 옷을 직접 만들어 입힐 만큼 옷에 푹 빠져 살았다. 옷을 만지고, 고르고, 입히는 과정 자체가 놀이이자 기쁨이었다. 22살이 되던 2005년, 그녀는 자신이 그토록 사랑하는 옷을 업으로 삼기로 결심한다. 동대문 시장을 제집처럼 드나들며 옷들을 떼다가, 자신만의 독특한 감각과 콘셉트로 인터넷에 올리기 시작했다.

처음에는 그저 옷이 좋아서 시작한 일이었다. 하지만 그녀의 남다른 안목과 감각은 곧 대중을 열광시켰다. 입소문은 산불처럼 번져 나갔고 매출은 기하급수적으로 폭발했다. 2007년 본격적으로 법인을 설립해 브랜드를 키웠고, 옷을 넘어 자체 화장품 브랜드까지 론칭하며 승승장구했다. 그리고 2018년, 그녀는 자신의 회사를 글로벌 화장품 공룡 기업인 로레알 그룹에 매각한다. 매각 금액은 무려 6,000억 원.

이 입지전적인 인물이 바로 '스타일난다'의 김소희 전 대표다. 그녀의 성공 스토리는 창업 아이템 선정의 가장 완벽한 모범 답안을 보여 준다. 그녀는 단순히 돈이 될 것 같아서 패션 사업을 한 것이 아니었다. 의류 쇼핑몰은 본인이 누구보다 좋아하는 일이었고, 남들보다 압도적으로 잘하는 일이었으며, 그것이 마침 고객들이 열광하는 시장성과 맞아떨어졌기에 패션 업계의 정상에 오를 수 있었다.

성공하는 아이템의 3가지 조건

앞에서 우리는 창업 아이템이 고객의 불편함, 즉 '페인 포인트'에서 시작된다는 것을 배웠다. 하지만 고객의 문제를 발견했다고 해서 무조건 창업에 뛰어들어서는 안 된다. 발견은 시작일 뿐이다. 그다음 단계로 나아가기 위해서는 냉정한 자가 진단이 필요하다.

'이 문제를 과연 내가 남들보다 더 잘 해결할 수 있는가?' '그 과정에서 나는 행복할 수 있는가?'

성공 확률을 극대화하는 창업 아이템 선정 공식은 명확하다. 바로 '시장이 원하는 것', '창업자가 좋아하는 것', 그리고 '창업자가 남들보다 잘하는 것'이라는 3가지 교집합, 즉 스위트 스폿sweet spot: '가장 이상적인 지점'을 의미하는 스포츠 용어을 찾아내는 것이다.

스위트 스폿을 만드는 조건은 다음과 같다.

첫째, 시장이 원하는 것market needs은 비즈니스의 '생존 조건'이다. 아무리 기가 막힌 아이디어라도 고객이 지갑을 열지 않으면 사업이 아니라 자선 활동이거나 예술이다. 여기서 '원한다'는 것은 단순히 '있으면 좋겠네' 정도의 호감이 아니다. 고객이 그 가치를 인정하고 기꺼이 비용을 지불할 의사가 있어야 한다. 즉, 명확한 비즈니스 모델이 수립되고 유의미한 매출이 발생하는 구조여야 한다는 뜻이다. 시장의 검증 없는 아이템은 모래 위에 지은 성과 같다.

둘째, 창업자가 좋아하는 것passion은 비즈니스의 '지속 가능성'을 담보한다. 스타트업은 단거리 경주가 아니라 기약 없는 마라톤이다. 성과는 더디게 나오고, 고통은 매일 찾아온다. 이 지루하고 힘든 죽음의 계곡을 건너게 해 주는 유일한 에너지는 창업자의 열정이다. 일하는 과정 자체에서 즐거움이나 보람을 느끼지 못하면, 돈을 벌기도 전에 번아웃을 겪거나 포기하게 된다. 물론 좋아하는 일을 찾는 것은 쉽지 않다. 만약 아직 가슴 뛰는 일을 발견하지 못했다면, 현재 하는 일을 사랑하기로 마음먹는 것 또한 현명한 전략이다. 어떤 방식으로든 이 고단한 여정을 버텨 낼 내적 동력을 확보하는 것이 중요하다.

셋째, 남들보다 잘하는 것competence은 비즈니스의 '경쟁 우위'다. 내가 좋아하고 시장도 원하는데 나보다 잘하는 경쟁자가 수두룩하다면 실패할 확률이 높다. 경쟁사와 비교했을 때 확실한 기술적 우위나 차별화된 핵심 역량을 가지고 있어야 한다. 바야흐로 덕후의 시대다. '입덕', '성덕'이라는 말이 일상이 된 2026년, 대충 아는 얇은 지식으로는 전문가 흉내도 낼 수 없다. AI가 모든 지식을 대체하는 시대에는 한 분야에 미친 듯이 파고든 덕후의 광적인 디테일이 있어야 살아남는다. 과거에는 덕후가 사회 부적응자의 상징이었을지 몰라도, 지금은 '대체 불가능한 전문가'의 동의어다. 창업가는 해당 분야의 덕후가 돼야 한다. 소위 '덕업 일치', 덕질이 직업이 되고 사업이 되는 경지에 올라야만 시장을 장악할 수 있다.

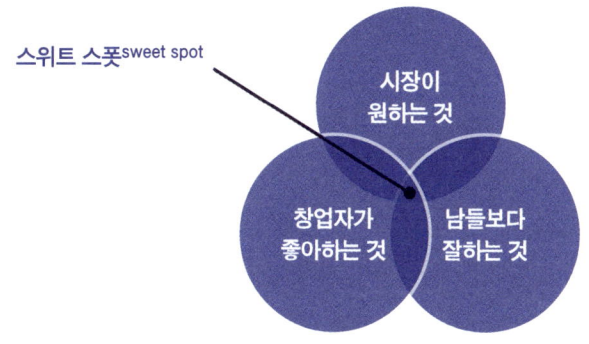

취미와 사업을 구분하라

스위트 스폿을 만드는 3가지 요소 중 하나라도 빠지면 비즈니스는 위태로워진다.

만약 내가 좋아하고 잘하는데, 시장이 원하지 않는다면 어떻게 될까? 그것은 훌륭한 취미 생활이다. 혼자 만족하고 즐기면 된다. 군이 사업자를 내고 덤벼들었다가는 빚만 남고 공허해질 뿐이다. 게임을 좋아한다고 모두 프로 게이머가 될 수 없고, 피아노를 좀 친다고 모두 피아니스트가 될 수 없는 것과 같은 이치다.

반대로 시장이 원하고 내가 잘할 수 있지만 좋아하지 않는 일이라면? 돈은 벌 수 있을지 모른다. 하지만 창업자는 불행해진다. 매일 아침 출근이 지옥 같을 것이고, 돈을 벌어도 마음은 텅 빈 공허에 시달릴 것이다. 결국 오래 버티지 못하고 사업을 매각하거나 무너질 가능성이 크다.

마지막으로 시장이 원하고 내가 좋아하지만, 남들보다 잘하지 못한다면? 가장 안타까운 케이스다. 열정만 가득한 아마추어로 남게 된다. 냉혹한 시장은 당신의 열정을 사지 않는다. 결과물을 살 뿐이다. 실력이 뒷받침되지 않는 열정은 비즈니스 세계에서 동정의 대상일 뿐이다.

결국 성공적인 창업 아이템은 먼 곳에 있지 않다. 당신이 밤새 떠들 수 있을 만큼 푹 빠져 있는 분야, 남들이 "이건 네가 진짜 최고지"라고 인정해 주는 역량, 그리고 사람들이 "제발 이런 것 좀 만들어 줘"라고 아우성치는 문제, 이 3가지가 만나는 지점, 그 좁지만 강력한 교집합을 찾아내라. 그곳에 바로 당신의 운명을 바꿀 창업 아이템이 숨 쉬고 있다.

성공하는
창업 아이템의
4가지 DNA

부동산, 특히 아파트 거래에 조금이라도 관심을 가져 본 사람이라면 스마트폰에 '호갱노노' 앱이 설치돼 있을 것이다. 지도 위에 파란색, 보라색 말풍선으로 실거래가를 직관적으로 보여 주는 이 서비스는 복잡한 부동산 정보를 평정하며 필수 앱으로 자리 잡았다. 2016년 론칭한 호갱노노는 불과 2년 만인 2018년, 직방에 약 230억 원에 인수됐고 현재는 월간 활성 이용자 수가 300만 명을 훌쩍 넘는 국민 서비스가 됐다.

이 성공 신화의 시작은 거창한 기술이 아니었다. 카카오 개발자 출신 심상민 대표는 네이버나 다음 같은 포털 사이트에 올라오는 부동산 호가와 국토교통부에 신고되는 실거래가 사이에 괴리가 너무 크다는 점에 주목했다.

'왜 집을 구하는 사람은 항상 정보의 약자여야 하지?'

이 정보 비대칭의 불균형이 바로 그가 발견한 고객의 페인 포인트였다. 그는 동료 개발자 두 명을 설득한 뒤, 국토교통부의 공공 데이터를 수집해 가장 보기 쉽게 시각화하는 작업에 매달렸다. 유저에게 정확한 정보를 주겠다는 이 집요한 혁신이 지금의 호갱노노를 만든 것이다.

이 사례처럼, 머릿속에 맴도는 아이디어가 단순히 재미있는 생각에 그치지 않고 실제로 가치를 창출하고 수익을 내는 비즈니스가 되기 위해서는 반드시 갖춰야 할 4가지 DNA가 있다. 당신의 아이템을 이 기준에 맞춰 냉정하게 해부해 보기를 바란다.

1. 공급자의 자아도취가 아닌 '명확한 고객 가치'

많은 창업가가 빠지는 가장 위험한 함정이 바로 '공급자 마인드'다. "내가 보기에 이 기능은 정말 기가 막혀", "이런 기술은 우리밖에 없어"라며 제품 자체와 사랑에 빠지는 것이다. 하지만 잔인하게 말해서, 고객은 당신이 얼마나 고생해서 제품을 만들었는지, 당신의 기술이 얼마나 뛰어난지에는 관심이 없다. 그들의 관심사는 오직 하나다.

'이 서비스가 나의 골치 아픈 문제를 해결해 주는가?' '이 제품이 나의 시간과 비용과 리소스를 줄여 주는가?'

시장에서 살아남는 아이템의 제1조건은 공급자 입장에서 만든 완벽한 제품이 아니라 만족한 고객을 만들어 내는 제품이다. 고객이 느끼는 고통을 제거하거나, 충족되지 못한 욕구를 채워 줄 때 비로소 지갑이 열린다. 에어비앤비의 창업자들은 초기에 코딩에 집중하지 않았다. 대신 카메라를 들고 뉴욕으로 날아가 초기 호스트들의 집 사진을 직접 찍어 주고, 고객 100명을 만나 이야기를 들었다. 그들에게 '낯선 도시에서 현지인처럼 살아 보는 완벽한 경험'이라는 가치를 심어 주기 위해서였다. 기술은 거들 뿐, 본질은 고객에게 어떤 감동적인 가치를 줄 것인가에 있다. 당신의 아이템이 고객의 삶을 조금이라도 편하게 만들지 못한다면 그것은 예쁜 디지털 쓰레기에 불과하다.

2. 고래가 헤엄칠 수 있는 '적절한 규모의 시장'

아무리 좋은 제품이라도 그것을 사 줄 사람이 100명뿐이라면 사업이 될까? 동네 골목에서 카페를 한다면 가능할 수도 있지만 스타트업은 수백만, 수천만 명의 사람들을 대상으로 비즈니스를 해야 한다. 당신이 뛰어들려는 시장의 규모가 충분히 커야 한다.

국내 광고 시장은 13조 원, 대리운전 시장은 3조 원, 프롭테크 시장은 2조 원 규모다. 벤처 캐피털VC, Venture Capital이 투자 심사를 할 때 시장 규모 1조 원 이상을 선호하는 이유는 명확하다. 시장이 커야 점유율을 1퍼센트만 가져와도 연 매출 100억 원, 1,000억 원을 달성할 수 있기 때문이다. 작은 연못에서는 아무리 커 봤자 미꾸라지지만, 바다로 나가면 고래가 될 수 있다.

물론, 처음부터 거대한 시장을 장악할 수는 없다. 전체 시장 규모가 작더라도 그 안에서 독점적인 지배력을 가질 수 있다면 매력적이다. 내가 창업한 스테이즈의 경우, 초기에는 '국내 체류 외국인 대상 임대'라는 시장이 너무 작다는 이유로 투자자들에게 외면받았다. 하지만 스테이즈는 국내 체류 외국인 260만 명을 타깃으로 한 틈새시장을 확실하게 장악했고, 그 안에서 유의미한 매출과 데이터를 만들어 내며 투자를 유치했다. 중요한 것은 시장의 절대적인 크기보다 그 시장을 확장해 나갈 수 있는 잠재력과 실행력이다.

3. 기존보다 10배 더 나은 '충분한 혁신'

혁신이라고 하면 흔히 AI, 블록체인 같은 최첨단 기술만을 떠올린다. 하지만 스타트업 신에서 통용되는 혁신의 정의는 훨씬 넓고 실전적이다. 피터 틸은 "기존 제품보다 10배 더 나아야 한다"라고 말했다. 조금 더 싸거나 조금 더 빠른 정도로는 고객의 습관을 바꿀 수 없다. 기존의 방식보다 압도적으로 쉽거나, 빠르거나, 싸거나, 편해야 한다.

기술적 배경이 없다고 위축될 필요는 없다. 혁신은 기술뿐만 아니라 가격, 디자인, 유통 구조, 프로세스의 효율화 등 모든 영역에서 일어날 수 있다. 4,000억 원 이상의 투자를 받은 유니콘 기업 마켓컬리를 보라. 그들이 엄청난 IT 기술로 승부했는가? 아니다. 그들의 혁신은 신선한 식재료를 잠들기 전에 주문하면 다음 날 눈 뜨기 전에 문 앞에 둔다는, 물류와 라이프 스타일의 혁신이었다. 사람들이 마트에서 장을 보던 수십 년 된 습관을 바꿀 만큼 강력한 효용을 제공했기에 성공한 것이다. 당신의 아이템에는 경쟁사가 흉내 낼 수 없는 '한 끗'의 차별화가 있는가?

4. 현실로 옮길 수 있는 '실행 가능성'

마지막으로 가장 현실적인 요소는 '실행 가능성'이다. 이는 두 가지 관점에서 봐야 한다. 하나는 '창업자의 역량'이고, 다른 하나는 '법적·제도적 리스크'다.

창업 아이템이 아무리 혁신적이어도 창업자가 구현할 능력이 없다면 그것은 망상에 가까운 아이디어일 뿐이다. 4,000만 원대에 페라리보다 빠른 전기차를 만들겠다는 생각은 누구나 할 수 있다. 하지만 그것을 현실로 만든 사람은 전 세계에서 일론 머스크 한 명뿐이다. 아이디어의 좋고 나쁨보다 중요한 것은 '왜 하필 당신이 이 문제를 해결할 수 있는가'에 대한 대답이다.

또한 대한민국에서 사업을 하려면 규제 리스크를 뼈저리게 분석해야 한다. 우리는 이미 '타다 사태'를 목격했다. 합법적이면서 혁신적인 서비스였고 열광하는 고객 팬덤도 있었지만, 결국 기득권 세력(택시 업계)과의 갈등을 넘지 못하고 '타다 금지법'이 시행됨에 따라 좌초됐다.

타다의 이재웅 대표는 '다음'과 '쏘카'를 창업한 업계 거물이자 자본가였기에 그나마 이슈를 만들고 버틸 수 있었다. 하지만 갓 시작한 초기 스타트업이 정부 정책에 반기를 들거나, 강력한 이익 단체와 정면충돌하는 아이템을 선택하는 것은 계란으로 바위 치기다. 규제 샌드박스 같은 제도가 있다고는 하지만, 법과 제도의 장벽은 생각보다 높고 견고하다. 내 아이템이 현행법상 가능한지, 회색 지대에 있다면 어떤 방어 논리가 있는지를 주도면밀히 따져 보지 않으면, 기껏 키워 놓은 회사가 하루아침에 불법으로 낙인찍혀 문을 닫을 수 있다.

고객 가치, 시장 규모, 혁신성, 그리고 실행 가능성. 이 요소들은 창업 아이템을 지탱하는 4개의 기둥이다. 이 중 하나라도 부실하면 당신의 비즈니스는 사상누각이 돼 무너질 것이다. 지금 당신의 아이템을 이 기준 위에 올려놓고 냉혹하게 검증하라. 그것이 실패 확률을 1퍼센트라도 줄이는 길이다.

창업 아이템 선정 시
주의해야 할
6가지 함정

2016년, 대한민국의 모든 골목을 달콤한 냄새로 채웠던 대만 대왕 카스테라를 기억하는가? 압도적인 크기와 부드러운 맛, 그리고 끝이 보이지 않던 대기 줄은 그야말로 장관이었다. 하지만 그 영광은 찰나였다. 방송에서 식용유 과다 사용과 첨가물 문제를 제기하자마자 그 많던 가게들은 도미노처럼 무너져 내렸다. 봉준호 감독의 영화 〈기생충〉에서 주인공 기택 가족의 몰락이 이 대왕 카스테라 사업 실패에서 시작됐다는 설정은, 당시 이 사건이 얼마나 많은 서민의 삶을 파괴했는지를 보여 주는 뼈아픈 상징이다.

이 비극은 비단 요식업에만 국한되지 않는다. 스타트업 세계에서도 유행을 좇아 불나방처럼 뛰어들었다가 소리 소문 없이 사라지는 일이 비일비재하다. 아이템을 선정할 때 반드시 경계해야 할 6가지 함정이 있다. 이 냉정한 체크리스트를 통과하지 못한다면, 당신은 시작부터 시한폭탄을 안고 창업하는 것이다.

모두가 좋다고 말하는 아이템은 독이 든 성배다

사람들이 입을 모아 "이거 요즘 뜬대", "이거 하면 대박 난대"라고 하는 아이템은 일단 의심부터 해야 한다. 지인이 특정 회사의 주식이 앞으로 10배가 오를 테니 사라고 권유한다면 그 주식은 이미 끝물일 가능성이 크다. 고급 정보는 그렇게 쉽게 유통되지 않는다. 누구나 좋다고 생각한다는 것은 진입 장벽이 낮다는 뜻이고, 이는 곧 대기업이나 거대 자본이 언제든 들어와 당신을 밟고 지나갈 수도 있고 이미 트렌드가 지났거나 단물이 다 빠진 시장이라는 뜻이기도 하다.

중고 거래 앱 '당근'의 성공 사례를 보자. 당근이 등장하기 전에도 이미 '중고나라'라는 절대 강자와 네이버가 투자한 '번개장터'가 시장을 장악하고 있었다. 만약 당근이 "중고 거래가 뜨니까 우리도 똑같이 해 보자"라고 접근했다면 거대 기업들의 싸움에 휘말려 사라졌을 것이다. 하지만 그들은 기존 플레이어들이 간과했던 '동네'와 '신뢰'에 집중했다. 택배 거래의 불안함을 없애기 위해 철저하게 동네 인증을 기반으로 한 직거래 시스템을 만들었고, 이것이 사기 없는 거래를 원하는 사용자들의 열광적인 지지를 이끌어 냈다. 그 결과 당근 앱을 이용하는 월간 이용자 수는 1,900만 명을 돌파했다.

남들이 다 박수 친다고 해서 좋은 아이템이 아니다. 경쟁자가 쉽게 따라

할 수 없는 당신만의 기술력이 있거나, 대기업이 섣불리 들어오기 힘든 틈새를 뾰족하게 파고드는 것, 즉 남들이 모방하기 어렵도록 차별화된 것이 좋은 아이템이다.

너무 빨라도 죽고, 너무 늦어도 죽는다

사업은 타이밍 싸움이다. 기술은 빛의 속도로 변하고 고객의 변덕은 그보다 더 빠르다. 명심하라. 어떤 사업 아이템도 영원할 수 없다. 끊임없이 진화하지 않으면 도태된다. 여기서 중요한 것은 '반 발짝' 앞서가는 전략과 감각이다. 당신이 오늘 기가 막힌 아이디어를 떠올렸다고 해서 내일 당장 제품이 나오지는 않는다. 기획하고, 개발하고, 테스트해서 출시하기까지 최소 3개월에서 6개월, 하드웨어나 딥테크라면 1년 이상이 걸린다.

질문은 '지금 이 아이템이 먹히나?'가 아니라, '제품이 출시될 6개월 뒤에도 이 아이템이 유효한가?'여야 한다. 그사이 경쟁자가 시장을 선점해 버릴 수도 있고, 트렌드가 식어 버릴 수도 있다. 2007년 아이폰이 열어젖힌 모바일 시대 이후 온라인과 오프라인을 잇는 O2O^{Online to Offline} 서비스들이 우후죽순 쏟아졌다. 2010년대 중반에는 우버와 에어비앤비가 주도한 공유 경제가 세상을 휩쓸었고, 곧이어 토스와 같은 핀테크가 금융의 벽을 허물었다. 2026년 지금은 어떤가? 모든 자본과 인재가 생성형 AI와 딥테크로 몰리고 있다. 흐름을 읽지 못하고 철 지난 아이템을 붙잡고 있거나, 반대로 시기상조인 아이템에 목을 매는 것은 실패로 가는 지름길이다.

유행과 트렌드를 혼동하지 마라

갑자기 뜨거워진 것은 갑자기 식는다. 자연의 이치이자 시장의 법칙이다. 2013년 여름을 강타했던 눈꽃 빙수, 2014년 줄을 서서 먹던 벌집 아이스크림, 이후 우후죽순 생겨난 스몰 비어, 저가 주스, 핫도그, 탕후루까지. 한때 폭발적인 인기를 끈 그 많던 가게들은 어디로 갔는가? 특히 벌집 아이스크림은 파라핀 논란 한번에 시장에서 사라져 버렸다.

스타트업도 마찬가지다. 반짝 유행에 편승한 아이템은 위험하다. 사업은 한철 장사가 아니다. 수년간, 아니 수십 년간 지속 가능한 수익을 만들어 내야 하는 마라톤이다. 잠깐의 열풍에 휩쓸리지 말고, 이 아이템이 인간의 본질적인 욕구에 닿아 있어 10년 뒤에도 살아남을 메가 트렌드인지 냉정하게 따져 봐야 한다.

카피캣 아이템의 필수 요소

"미국 실리콘밸리에서 이게 뜬다더라", "일본에서 지금 이게 대박이라더라"라며 해외 아이템을 그대로 베껴 오는 카피캣들이 있다. 물론 패스트 팔로어 전략이 유효할 때도 있지만, 맹목적인 복제는 필패. 적용하려는 국가나 지역에 맞게 로컬라이제이션localization, 고객의 특성에 맞는 커스터마이제이션customization 이 필수적으로 수반돼야 한다. 카피캣 전략은 시장에 빠르게 진입하고 수요를 확보할 수 있지만, 법적 문제(상표권, 디자인 침해)와 낮은 독창성으로 인해 장기적인 성공을 위해서는 독자적인 기술과 브랜드 구축이 중요하다.

2010년 초반, 미국의 '그루폰'이 성공하자 한국에는 소셜 커머스 업체가 200개 넘게 난립했다. 하지만 10년이 지난 지금, 살아남은 곳은 쿠팡을 비롯한 극소수뿐이다. 심지어 2024년에는 티몬과 위메프가 대규모 정산 지연 사태를 일으키며 사실상 무너지는 모습까지 목격했다. 이는 플랫폼 비즈니스의 승자 독식 구조와 재무 건전성 없는 확장이 얼마나 위험한지 보여 주는 반면교사이다. 아무리 해외에서 검증된 모델이라도 대한민국 특유의 빨리 빨리 문화, 높은 눈높이, 촘촘한 인구 밀도 등에 맞춰 로컬라이제이션과 커스터마이제이션 과정을 거치지 않으면 뿌리내릴 수 없다. 우리만의 문화와 정서를 반영하지 못한 카피캣은 흉내쟁이에 불과하다.

지갑 속 명함에 힌트가 있다

많은 사람이 창업을 꿈꾸며 현재의 직장을 지긋지긋한 감옥으로, 창업 아이템을 탈출구로 여긴다. 그래서 자신이 하던 일과는 전혀 상관없는 낯설고 새로운 분야를 기웃거린다. 하지만 이것은 엄청난 착각이다. 성공 확률이 가장 높은 아이템은 바로 당신이 지금 하고 있는 일 속에 숨어 있다.

나의 경우를 보자. 포털 기업에서 10년 넘게 광고 관련 업무를 하다가 뜬금없이 부동산 스타트업을 시작했다. 나름 인터넷 광고 전문가였던 내가 갑자기 부동산 관련 사업을 시작하니 전문성도 없고 업계 용어도 몰라 엄청난 수업료를 치러야 했다. 반면, 해당 분야에서 뼈가 굵은 창업가들은 시행착오를 건너뛰고 핵심으로 직행한다. 경험과 전문성이야말로 돈으로 살 수 없는 가장 강력한 무기다.

또한 퇴사 타이밍도 전략이다. 회사를 나오는 순간 당신의 시간은 돈이 된다. 월급이 끊긴 상태에서 준비를 하면 초조함 때문에 판단력이 흐려진다. 카카오 김범수 의장의 일화는 전설적이다. 삼성SDS에 다니면서 한게임을 창업했고, 사무실 대신 인수한 PC방에서 낮에는 업무를 보고 밤에는 개발하며, 본인이 받는 월급으로 직원들 급여를 줬다. 비겁하다고? 아니다. 이것이 생존을 위한 가장 영리한 전략이다. 회사라는 울타리 안에서 최대한 준비하고, 비용을 최소화한 상태에서 시장에 진입하라.

가족에게 묻지 말고, 남에게 물어라

아이템을 구상하고 나면 우리는 본능적으로 지지자를 찾는다. 부모님, 배우자, 친한 친구에게 묻는다.

"이거 어때? 대박 날 것 같지?"

하지만 안타깝게도 그들의 의견은 우리 사업에 도움이 되지 않는다. 부모님은 당신이 걱정돼서 "그냥 회사나 다녀라"라고 반대할 것이고, 친구들은 관계가 깨질까 봐 듣지도 않고 "야, 죽인다! 대박이다!"라며 영혼 없는 응원을 보낼 것이다.

진짜 검증은 당신에게 관심 없는 타인에게 받아야 한다. 얼굴은 알지만 친하지 않은 지인, 혹은 아예 모르는 잠재 고객 100명을 찾아가라. 20~30만 원어치 커피 쿠폰을 사서 설문 조사를 하라. 그들의 냉정하고 무관심한 반응,

"이걸 굳이 왜 돈 주고 써요?"라는 아픈 피드백이 당신을 살리는 진짜 약이다. 창업이라는 거대한 항해를 시작하기 전, 고작 30만 원의 검증 비용을 아까워하지 마라. 그 돈이 훗날 3억 원, 30억 원의 손실을 막아 줄 것이다.

피 튀기는 경쟁보다
시장 독식이
더 쉽다

실리콘밸리의 전설적인 투자자이자 페이팔의 공동 창업자인 피터 틸은 그의 저서 《제로 투 원》에서 아주 도발적인 명제를 던졌다.

"경쟁은 패배자들을 위한 것이다."

기업간의 경쟁이 시장 경제의 원동력이라고 배우고 믿어 왔던 우리의 뒤통수를 치는 말이다. 하지만 스타트업의 세계에서 이 말은 진리에 가깝다. 치열한 경쟁은 결국 이익을 0으로 수렴하게 만든다. 남들과 똑같은 것을 조금 더 싸게, 조금 더 빠르게 하려고 아등바등하는 순간 당신의 비즈니스는 피 튀기는 레드 오션의 소용돌이 속으로 빨려 들어간다.

스타트업이 생존하고 위대해지는 유일한 길은 경쟁하지 않는 것이다. 대신, 남들이 감히 넘볼 수 없는 독점적인 영역을 구축하면 된다. 이것이 바로 0에서 1을 만드는 창조, 즉 '제로 투 원'이다.

거인들이 놓친 새로운 카테고리를 찾아라

2026년 현재, AI 기술 패권을 쥔 엔비디아와 구글, 오라클 같은 글로벌 거인들이 앞다투어 투자하고 파트너십을 맺은 한국의 스타트업이 있다. 바로 '트웰브랩스'다. 이들의 성공 사례는 제로 투 원 전략의 교과서와도 같다.

생성형 AI 열풍이 불기 시작했을 때, 전 세계의 모든 자본과 인재는 텍스트 기반의 거대 언어 모델LLM, Large Language Model에만 몰려들었다. 챗GPT가 세상을 뒤흔들자 수만 개의 기업이 비슷한 텍스트 AI 서비스를 쏟아 냈다. 하지만 트웰브랩스의 이재성 대표와 팀원들은 텍스트가 아닌 '영상'이라는 거대한 빈 땅을 봤다.

인터넷 트래픽의 80퍼센트 이상이 영상이지만, 정작 컴퓨터는 영상을 이해하지 못했다. 기껏해야 영상에 달린 제목이나 태그를 검색할 뿐, 영상 속에서 무슨 일이 일어나는지, 어떤 감정이 흐르는지에 대해서는 까막눈이나 다름없었다. 트웰브랩스는 남들이 텍스트 전쟁을 벌일 때, AI에게 영상을 이해하는 눈을 달아 주자는 무모한 도전을 시작했다.

그들은 영상의 시각적, 청각적 정보를 인간처럼 복합적으로 이해하는 영상 이해 AI 모델을 독자적으로 개발했다. 결과는 충격적이었다. 마이크로소

프트가 주최한 세계적인 AI 경진 대회에서 구글과 마이크로소프트를 제치고 우승을 차지한 것이다. "영상 속에서 남자가 파란 우산을 쓰고 지나가는 장면을 찾아 줘"라고 하면, 1초 만에 해당 장면을 찾아내는 그들의 기술은 경쟁자가 없는 독점적인 것이었다.

그 결과, 트웰브랩스는 누군가와 경쟁하는 대신 '멀티모달^{multimodal} 영상 이해'라는 새로운 카테고리 자체를 창조했다. 이제 전 세계의 미디어 기업, 보안 업체, 광고 회사들은 영상을 검색하고 분석하기 위해 트웰브랩스의 API를 쓴다. 그들은 이미 존재하는 시장에 뛰어드는 쉬운 길 대신 선례가 없는 고통스러운 길을 택했고, 그 대가로 시장의 지배자가 됐다.

1에서 n으로 가는 길이 아닌, 0에서 1로 가는 길

피터 틸의 이론에 따르면 진보에는 두 가지 형태가 있다. 하나는 1에서 n으로 커지는 수평적 진보다. 이미 존재하는 성공 모델을 복제해 널리 퍼뜨리는 것이다. 다른 하나는 0에서 1이 되는 수직적 진보다. 아무도 하지 않은 새로운 것을 만들어 내는 것이다. 이것이 바로 진정한 의미의 기술이자 창조다.

우리가 매일 숨 쉬듯 사용하는 구글, 애플, 메타, 아마존을 보라. 그들은 겉으로는 경쟁자가 많다고 엄살을 떨지만, 실상은 각자의 영역에서 철저한 독점 기업이다. 검색은 구글이, 소셜 네트워크는 메타가, 이커머스와 클라우드는 아마존이 전 세계를 장악하고 있다. 국내의 삼성, 현대자동차그룹, 네이버, 카카오 역시 해당 분야에서 사실상 시장을 독점하고 있다. 이들은 경쟁하지 않는다. 압도적인 격차로 시장을 지배할 뿐이다.

따라서 예비 창업자인 당신의 목표는 경쟁 우위를 점하는 것이 아니라, 작더라도 독점 가능한 시장을 찾아 그곳의 지배자가 되는 것이어야 한다.

무작정 유행만 좇지 마라

그런데 현실은 어떤가? 뉴스 기사에서 "요즘 이 아이템이 뜬다"라고 하면 수많은 예비 창업자와 기업이 불나방처럼 몰려든다. 마치 주식 시장에서 이미 고점을 찍은 테마주에 뒤늦게 올라타는 개미 투자자들의 모습과 흡사하다. 우리가 경험적으로 알듯이, "어떤 종목이 오른다", "어떤 지역이 뜬다"라는 소식이 대중 매체에 나올 때는 이미 파티가 끝난 후인 경우가 많다.

역사를 되돌려 보자. 2000년대 초반, 검색 포털이 돈이 된다고 하니 다음, 네이버, 야후, 엠파스, 라이코스 등 10개가 넘는 포털 사이트가 난립했다. 카카오톡이 출시돼 국민 메신저로 떠오르던 2010년에는 카카오의 아성을 잡기 위해 네이버의 라인, 다음의 마이피플, 네이트의 네이트온톡 등 다수의 메신저 서비스가 출시돼 과열 경쟁을 했다. 하지만 그 결과는 참혹했다. 서로 제 살 깎아 먹기식의 마케팅 전쟁, 소위 치킨 게임을 벌이다가 대부분 역사 속으로 사라졌고, 현재는 소수의 승자만이 살아남았다.

2026년의 풍경도 다르지 않다. 특히 생성형 AI가 화두가 되자 너도나도 챗GPT와 비슷한 서비스를 만들겠다고 뛰어든다. 정부 자금과 벤처 캐피털의 자금도 대부분 AI 분야로 쏠린다. 물론 미래 먹거리임은 분명하다. 하지만 기억해야 한다. 유행이 됐다는 것은 이미 수많은 천재와 자본가가 그 시장에 진입해 있다는 뜻이다.

거대 공룡들이 득실거리는 레드 오션에 뛰어들어 그들이 흘리는 빵 부스러기를 주워 먹으려고 힘을 뺄 것인가, 아니면 아무도 거들떠보지 않지만 확실한 니즈가 있는 곳에서 당신만의 '큰 빵'을 독식할 것인가? 답은 명확하다. 남들이 잘 하지 않는 영역, 어렵고 귀찮아서 피하는 영역, 하지만 반드시 해결해야 할 문제가 있는 곳으로 가야 한다.

'세계 최초'라는 말의 함정

여기서 한 가지 반드시 짚고 넘어가야 할 주의 사항이 있다. "남들이 안 하는 사업을 하라"라는 말을 오해해, 무조건 '세계 최초', '국내 최초'라는 타이틀에 집착하는 경우다.

냉정하게 말해서, 남들이 안 하는 데는 다 그럴 만한 이유가 있는 경우가 많다. 당신이 기가 막힌 아이디어라고 생각한 그것, 사실은 대기업이나 다른 똑똑한 창업가가 이미 몇 년 전에 시도했다가 시장성이 없어서, 매출이 안 나와서, 혹은 시기상조라서, 아니면 법적인 규제 때문에 조용히 접은 아이템일 확률이 매우 높다. 그곳은 경쟁자가 없는 블루 오션이 아니라 생명체가 살 수 없는 '사해'일 수도 있다는 뜻이다. 그래서 투자자들도 국내 최초, 세계 최초의 아이템이라는 말을 싫어하는 경향이 있다. 검증이 되지 않았기 때문이다.

최초의 아이템이라면, 왜 지금까지 아무도 성공하지 못했는지 집요하게 파고들어야 한다. 기술적 한계 때문이었는지, 고객의 니즈가 없었는지 철저하게 분석해야 한다. 진정한 제로 투 원은 세상에 없던 뜬구름을 잡는 행위가 아니다. 분명히 존재하지만 해결되지 않았던 고통을 완전히 새로운 방식으로 해결해 주는 것이다.

그러니 부디, 화려한 유행을 좇아 경쟁의 지옥 불로 뛰어들지 마라. 대신 트웰브랩스처럼 남들이 외면한 작고 구체적인 문제를 찾아 그 누구보다 탁월하게 해결하라. 그리하여 그 작은 시장의 독점자가 돼라. 그것이 위대한 기업으로 가는 첫 번째 발걸음이다.

플랫폼 말고
서비스에
집중하라

2013년, 미국 산타모니카에서 밥 윌, 조던 메츠너, 후안 두란토라는 세 명의 젊은 창업가가 의기투합해 '워시오'라는 서비스를 론칭했다. 세탁계의 우버가 되겠다는 그들의 비전은 명확하고 매력적이었다. 스마트폰 터치 몇 번이면 빨랫감을 수거해 가고 깨끗하게 세탁해서 다시 문 앞에 가져다주는 이 혁신적인 모델에 실리콘밸리는 열광했다.

워시오는 론칭 직후 폭발적인 성장세를 보이며 미국 전역으로 서비스를 확장했고, 한화로 약 186억 원에 달하는 투자를 유치했다. 매출은 1년 만에 8배나 뛰었고, 기업 가치는 천정부지로 치솟았다. 겉으로 보기에 그들은 차기 유니콘이 될 운명처럼 보였다.

하지만 그 화려한 비상은 불과 3년 만에 처참한 추락으로 끝났다. 워시오가 범한 치명적인 실수는 바로 '업의 본질'을 망각한 것이었다. 세탁업의 본질은 무엇인가? 결국 옷을 깨끗하게, 손상 없이 빨아 주는 것이다. 그러나 워시오는 자신들을 세탁 회사가 아닌 IT 플랫폼 기업으로 정의했다. 그들은 직접 세탁 공장을 돌리며 품질을 관리하는 대신 수거와 배달이라는 '연결'에만 집착했다. 세탁은 로컬 제휴 업체들에게 전적으로 맡겨 버렸다.

그들은 세탁 품질이 아니라 속도에 집중했다. '1시간 내 수거, 24시간 내 배달'이라는 무리한 약속을 지키기 위해 그들은 '닌자'라 불리는 배송 인력을 대거 고용했다. 문제는 여기서 발생했다. 건당 수수료를 주는 일반적인 긱 이코노미^{gig economy} 방식이 아니라, 대기 시간까지 포함해 시급 20달러(당시 최저 시급의 2배)를 지급하는 고비용 구조를 짠 것이다. 주문이 없어도 인건비는 줄줄 샜고, 외주를 준 세탁물의 품질은 들쑥날쑥해 고객 불만이 폭주했다. 결국 워시오는 매출이 늘어날수록 적자가 눈덩이처럼 불어나는 최악의 유닛 이코노믹스를 극복하지 못하고 2016년에 역사 속으로 사라졌다.

왜 모두 중개만 하려고 할까? 플랫폼 비즈니스의 진실

워시오의 사례는 2026년 현재의 예비 창업자들에게도 서늘한 경고를 보낸다. 멘토링 현장에서 이제 막 스타트업을 시작한 창업자를 만나 보면 열에 아홉은 "플랫폼 사업을 하겠다"라고 말한다. 신기할 정도다. 심지어 플랫폼의 정확한 정의조차 모르는 상태에서 무작정 앱부터 만들겠다고 덤비는 경우도 허다하다. 그들에게 "왜 굳이 플랫폼입니까?"라고 물으면 대개 대답은 비슷하다.

"아마존이나 배민처럼 수수료로 큰돈을 벌고 싶어서요."
"제가 기술은 없지만 아이디어로 연결은 잘 할 수 있거든요."
"직접 다 하는 건 너무 힘들고, 앱만 잘 만들면 자동으로 돌아가잖아요."

틀린 말은 아니다. 플랫폼 비즈니스는 성공만 한다면 아마존이나 에어비앤비처럼 막대한 부를 창출할 수 있고, 재고 부담 없이 확장할 수 있는 매력적인 모델이다. 하지만 여기서 간과하는 결정적인 사실이 있다. 플랫폼은 세상에서 가장 난이도가 높은 비즈니스 모델이라는 점이다.

플랫폼은 텅 빈 운동장과 같다. 당신은 그 운동장에 선수(공급자)도 데려와야 하고, 관중(수요자)도 데려와야 한다. '닭이 먼저냐 알이 먼저냐'의 딜레마 속에서 아마존조차 흑자로 전환하기까지 8년이라는 긴 인고의 세월이 필요했다. 중국의 알리바바 역시 초창기에는 거래가 너무 없어서, 직원들이 가짜로 물건을 올리고 다른 직원이 구매하는 촌극을 벌이며 억지로 생태계를 돌려야 했다.

연결하기 전에 직접 하라! 서비스형 비즈니스의 힘

그래서 나는 허상에 빠져 있는 초기 창업자들에게 단호하게 조언한다.

"창업 초기에는 플랫폼(중개)이 아니라, 서비스(직접 해결)에 집중하세요."

플랫폼은 기차역 승강장처럼 수요자와 공급자가 만나는 마켓플레이스다. 반면, 서비스형 비즈니스는 사업자가 직접 제품을 만들거나, 소싱하거나, 몸으로 뛰며 문제를 해결해 주는 것이다. 서너 명으로 시작하는 초기 스타트업이 양쪽(공급자와 수요자)을 동시에 만족시키며 유의미한 트래픽을 만드는 것은 불가능에 가깝다. 공급자가 없으면 소비자가 안 오고, 소비자가 없으면 공급자가 떠나는 악순환에 빠진다. 그러니 처음에는 수직적 통합을 통해 당신이 직접 공급자가 돼야 한다.

와이콤비네이터의 폴 그레이엄은 "확장 불가능한 일을 하라Do things that don't scale"라고 말했다. 초기에는 창업자가 직접 몸으로 때워야 한다. 부동산 플랫폼을 하고 싶다면 개발자를 채용하기 전에 당신이 먼저 공인 중개사 자격증을 따거나 현장을 뛰어다니며 매물을 확보해 보라. 청소, 이사, 세탁 중개 플랫폼을 만들겠다면 직접 빗자루를 들고 청소를 하러 다니고, 남의 집 이삿짐을 날라 보고, 세탁물을 수거하러 뛰어다녀야 한다.

노하우 없는 플랫폼은 껍데기일 뿐이다

직접 서비스를 해 봐야만 알 수 있는 것들이 있다. 고객이 진짜 원하는 게 무엇인지, 현장에서 어떤 민원이 발생하고 사고가 터지는지, 어떻게 진상 고객에 대처해야 하는지, 어떤 공급자가 실력 있는지. 이런 도메인 지식은 책상 앞에서 회의만 하고 코딩만 해서는 절대 얻을 수 없다.

창업자가 해당 산업의 생리를 뼛속까지 알고 있어야 나중에 플랫폼으로 전환했을 때 좋은 공급자를 가려내고 설득할 수 있다. "내가 직접 해 봤는데 이게 진짜 힘들더라. 그래서 우리가 이런 시스템을 만들었다"라고 말하는 대표와, "앱 만들었으니 입점하세요"라고 말하는 대표의 무게감은 천지 차이다.

워시오가 실패하고 한국의 '런드리고'가 성공한 이유가 여기에 있다. 런드리고는 중개 플랫폼이 아니라, 직접 스마트 팩토리(세탁 공장)를 짓고 물류 시스템을 구축한 '서비스 회사'로 시작했다. 세탁 품질과 배송 시간을 스스로 통제할 수 있었기에 고객의 신뢰를 얻었고, 그 기반 위에서 폭발적으로 성장할 수 있었다.

물론 최종 목표가 거대한 플랫폼 제국을 건설하는 것일 수 있다. 하지만 천 리 길도 한 걸음부터다. 수요자와 공급자가 북적이는 시장을 만들고 싶다면, 먼저 당신이 그 시장에서 가장 물건을 잘 파는 상인이 돼야 한다.

처음에는 좁고 깊게 파고들어야 한다. 당신이 직접 제공하는 서비스로 고객 100명을 완벽하게 감동시킬 수 있다면, 그때 비로소 플랫폼으로 확장할 자격이 주어진다. 기술은 그다음이다. 땀 냄새 나는 현장의 노하우가 없는 플랫폼은, 화려하지만 속이 텅 빈 껍데기에 불과하다. 잊지 마라. 배달의민족 김봉진 의장도 처음에는 길거리에 굴러다니는 전단지를 직접 주우러 다녔다.

사업 타당성 분석에는 계산기가 필요하다

2020년, 삼성전자 C랩(사내 벤처) 출신이라는 화려한 타이틀을 달고 등장한 라이브 커머스 플랫폼 '보고'를 기억하는가? 보고는 '초저가 핫딜'과 라이브 방송을 무기로 소비자의 지갑을 열어젖혔다. 삼성전자의 DNA를 가졌다는 신뢰감, 그리고 타의 추종을 불허하는 파격적인 할인 혜택 덕분에 보고는 단기간에 회원 수 100만 명을 돌파했다. 2022년에는 거래액 2,300억 원을 달성하며 라이브 커머스계의 유니콘이 될 것이라는 기대를 한 몸에 받았다.

그러나 그 화려한 축제는 3년도 채 되지 않아 비극으로 끝났다. 2023년, 보고는 현금 유동성 위기를 맞으며 회생 절차(법정 관리)에 들어갔고, 수많은 입점 업체에 정산금을 지급하지 못하는 사태를 빚었다. 사용자가 외면해서가 아니었다. 물건이 안 팔려서도 아니었다. 그들이 무너진 결정적인 이유는 사업 타당성 분석의 실패, 그중에서도 수익성에 대한 잘못된 검증 때문이었다.

보고의 성장 전략은 이른바 '계획된 적자'였다. 사용자를 모으기 위해 마진을 포기하고 회사 돈을 태워 쿠폰을 뿌렸다. 1만 원짜리 물건을 팔면 1,000원이 남는 것이 아니라, 오히려 마케팅 비용으로 2,000원을 쓰는 구조였다. 소위 팔면 팔수록 손해 보는 장사였다. 그들은 덩치를 키우면 나중에 이익을 낼 수 있을 것이라 믿었지만, 고금리와 투자 한파가 닥치자 현금 흐름이 동맥경화에 걸린 듯 멈춰 버렸다. 식당에 손님이 줄을 섰는데, 팔수록 적자가 나서 결국 문을 닫게 된 셈이다. 이는 유저 수나 거래액 같은 허상에 취해 냉혹한 비용 구조를 간과하면 어떤 결말을 맞는지를 보여 주는 좋은 사례다.

우리는 어려서부터 "돌다리도 두드려 보고 건너라"라는 속담을 들어 왔다. 스타트업 세계에서 이 말은 단순히 조심하라는 뜻이 아니다. 건너기 전에 이 다리가 내 무게를 견딜 수 있는지 공학적으로 계산하라는 뜻이다.

사업 아이템이 떠올랐을 때 창업가의 심장은 뛴다. 세상에 없는 혁신 같고, 무조건 대박이 날 것 같다. 하지만 그 순간이 가장 위험하다. 뜨거워진 가슴을 식히고 차가운 이성의 스위치를 켜야 한다. 내가 하려는 이 사업이 정말 돈이 되는 '된장'인지, 아니면 겉만 번지르르한 '똥'인지를 구분하는 과정, 그것이 바로 사업 타당성 분석이다. 이 지루하고 깐깐한 검증 과정을 선행해야만 정치적 규제, 경제 상황, 소비자 트렌드 같은 외부 변수 앞에서 무기력하게 무너지는 일을 막을 수 있다.

타당성 분석의 3가지 축: 시장, 기술, 그리고 돈

사업의 가치를 냉정하게 평가하기 위해 창업자는 다음 3가지 질문에 완벽하게, 그리고 논리적으로 답할 수 있어야 한다.

가장 먼저 들여다봐야 할 것은 전장戰場, 즉 시장성 분석이다. '누가, 왜, 얼마나 살 것인가?'에 답해야 한다. 시장의 특성과 구조는 어떤가? 지금 내가 들어가도 될 만큼 진입 장벽이 적절한가? 무엇보다 시장의 규모와 성장성이 중요하다. 지금은 작아도 앞으로 폭발할 잠재력이 있는 시장인지, 아니면 이미 포화 상태라 1등이 아니면 먹을 것이 없는 시장인지 파악해야 한다. 이를 위해 경쟁자의 강점과 약점, 내 제품을 사 줄 타깃 고객의 특성까지 샅샅이 뒤져야 하고 기업 외부의 거시적 환경 요인을 정치Political, 경제Economic, 사회Social, 기술Technological의 4가지 측면에서 분석하는 PEST 분석도 필수다. 시장성 없는 제품을 만드는 것은 아무도 보지 않을 일기장을 쓰는 일과 같다.

PEST를 마쳤다면 그다음으로는 기술성 분석을 거쳐야 한다. '우리가 이것을 실제로 만들 수 있고, 지킬 수 있는가?'에 대한 대답이다. 아무리 아이디어가 좋아도 구현할 능력이 없으면 망상이다. 우리 제품이 경쟁사와 비교해 확실한 차별성과 독창성을 가지고 있는지, 특허나 지식 재산권으로 핵심 기술을 보호할 수 있는지 따져 봐야 한다. 특히 AI 시대인 지금은 기술의 수명 주기가 매우 짧다. 6개월 뒤에도 유효한 기술인지, 생산 설비나 인프라 구축은 적정한지 면밀히 검토해야 한다. IT 기업만 기술성 분석을 해야 하는 것은 아니다. 카페를 하더라도 나만의 레시피와 운영 노하우가 곧 기술이다.

마지막은 '보고'의 사례에서 봤듯이 가장 치명적이고 중요한 경제성 분석이다. 결국 비즈니스는 숫자로 증명한다. 창업에 필요한 소요 자금은 얼마이고 원가는 어떻게 구성되는가? 자금 조달은 가능한가? 그리고 가장 중요한 손익 분기점은 언제 달성할 수 있는가? 매출 추정은 최대한 보수적으로, 비용 추정은 최대한 비관적으로 해야 한다. 현금 흐름이 막히면 장부상 흑자가 나도 부도가 나는 흑자 도산을 맞을 수 있다. 고객 한 명을 데려오는 비용보다 그 고객이 평생 벌어다 주는 돈이 적다면, 그 사업은 하면 할수록 망하는 구조다. 경제성을 검증하지 않고 엑셀만 돌려 보는 낙관적인 추정은 창업가를 파멸로 이끈다.

물론 돈을 주고 외부 전문가나 컨설팅 회사에 의뢰해서 멋진 타당성 분석 보고서를 받아 볼 수도 있다. 하지만 나는 선배 창업가로서 강력하게 권고한다. 사업 타당성 분석만큼은 창업자가 직접, 스스로 해 봐야 한다. 내 사업의 리스크가 어디에 숨어 있는지, 내 돈이 어디서 새어 나갈 수 있는지 가장 잘 알아야 하는 사람은 바로 대표 자신이다. 숫자를 모르는 대표는 눈을 가리고 고속 도로를 운전하는 사람과 같다. 엑셀을 켜고, 시장 데이터를 찾고, 원가 구조를 해부하라. 그 치열한 분석의 과정만이 훗날 당신의 회사를 마이너스 성장이라는 늪에서 구해 줄 유일한 구명조끼가 될 것이다.

3장

스타트업 내부 시스템 완성하기

START UP
START UP
START UP
START UP
START UP

흔들리지 않는 체계 만드는 법

결국
인사가
만사다

사람은 스타트업의 시작이자 끝이다. 아무리 AI가 발전하고 자동화가 일상이 된 2026년이라 해도, 그 도구를 휘두르고 결단을 내리는 주체는 결국 인간이기 때문이다.

세종대왕, 조선 최고의 스타트업 CEO

"인사가 만사^{萬事}다."

너무 흔해서 진부하게까지 들리는 이 말은, 사실 경영의 모든 비기를 함축하고 있는 무서운 진리다. 인사는 사람을 채용하고 적재적소에 배치하는 일을, 만사는 세상의 모든 일을 뜻한다. 즉, 좋은 사람을 뽑아 제대로 된 자리에 앉히면 세상 모든 일이 순리대로 풀린다는 뜻이다.

이 원칙을 역사상 가장 완벽하게 실천한 리더를 꼽자면 단연 세종대왕이다. 율곡 이이의 《율곡전서栗谷全書》를 보면, 세종대왕은 사람을 쓰되 마치 자기 몸과 같이 아꼈다고 기록돼 있다. 그는 신분이라는 거대한 벽이 존재했던 조선 사회에서 출신 성분을 따지지 않고 오직 능력 하나만으로 인재를 등용했다. 믿고 일을 맡겼다면 참소나 이간질에 휘둘리지 않고 끝까지 보호했으며, 그 재능이 빛을 발하는 자리에 임명한 뒤에는 종신토록 바꾸지 않고 힘을 실어 줬다.

만약 세종대왕에게 이런 파격적인 인재관이 없었다면 어떻게 됐을까? 관노비 출신이었던 천재 공학자 장영실은 역사 속에 묻혔을 것이고, 우리는 자격루, 앙부일구, 측우기 같은 위대한 발명품을 만나지 못했을 것이다. 세종은 단순히 성군이기 이전에, 신분이라는 스펙보다 실력이라는 본질을 꿰뚫어 본 탁월한 스타트업 CEO였다.

스타트업 생존 공식, 팀 빌딩이 최우선이다

2026년, 스타트업이 성공하기 위해 갖춰야 할 조건들을 나열해 보자. 시대를 앞서가는 혁신적인 아이디어, 경쟁사가 넘볼 수 없는 초격차 기술력, 수익을 창출하는 탄탄한 비즈니스 모델, 시장을 뒤흔들 마케팅과 영업 능력, 그리고 적절한 타이밍에 꽂히는 투자금까지. 심지어 '운'이라는 하늘의 도움도 필요하다.

이 모든 조건 어느 것도 소홀히 할 수 없다. 하나라도 부족하면 생존을 위협받고, 투자자들의 외면을 받으며, 우리가 아는 성공한 유니콘의 꿈은 물거품이 된다. 하지만 냉정하게 현실을 보자. 갓 시작한 초기 스타트업이 이 모든 것을 완벽하게 갖출 수는 없다. 리소스는 부족하고 시간은 촉박하다. 그렇다면 우리는 선택과 집중을 해야 한다.

수많은 성공 요인 중 단 하나만 선택해야 한다면 무엇을 골라야 할까? 나는 1초의 망설임도 없이 단연코 '팀 빌딩'이라고 말할 것이다. 아이디어는 바뀔 수 있고, 기술은 따라잡힐 수 있으며, 돈은 떨어질 수 있다. 하지만 그 모든 위기를 극복하고 상황을 반전시키는 것은 결국 사람이기 때문이다.

혼자서는 세상을 바꿀 수 없다

사업은 종합 예술이다. 아무리 작은 음식점이라도 요리하는 사람과 서빙하는 사람이 필요한 법인데, 기술 기반의 스타트업은 그보다 훨씬 더 복잡하고 다양한 전문성을 요구한다. 비전을 설계하는 기획자, 그것을 현실로 구현하는 개발자, 사용자의 마음을 훔치는 디자이너, 제품을 세상에 알리는 마케터 등 각 분야의 전문가들이 유기적으로 결합해야만 비로소 하나의 비즈니스가 작동한다.

그래서 스타트업에서 공동 창업은 선택이 아니라 생존을 위한 필수 조건이다. 물론 요즘은 AI 에이전트와 노코드 툴의 발달로 1인 창업이나 솔로프러너solopreneur가 가능한 시대라고 한다. 하지만 그것은 초기 검증 단계나 크리에이터 영역에서의 이야기다. 혼자서 기획하고, 코딩하고, 디자인하고, 마케팅까지 다 한다면, 가능은 하겠지만 경쟁자들이 팀을 꾸려 3개월 만에 치고 나갈 때 당신은 애플리케이션 하나 만드는 데 1년은 걸릴 것이다.

스타트업의 유일한 무기는 속도다. 대기업이 의사 결정 하느라 시간을 허비할 때 스타트업은 빠르게 실행하고, 실패하고, 다시 일어서야 한다. 혼자서 모든 짐을 짊어진 1인 창업자는 필연적으로 병목 현상을 겪게 되고, 시장의 속도를 따라잡지 못해 도태될 수밖에 없다. 심지어 1인 미디어의 상징인 대형 유튜버들조차 뒤에서는 거대한 팀이 조직적으로 움직이고 있다는 사실을 기억해야 한다.

친구를 뽑지 말고, 동료를 뽑아라

성공한 창업자들의 공통점은 명확하다. 나보다 똑똑하고 나와 다른 강점을 가진 사람들로 팀을 채웠다는 것이다. 많은 초기 창업자가 범하는 치명적인 실수가 있다. 바로 마음이 편한 동네 친구, 학교 선후배, 내가 다루기 쉬운 사람들로만 팀을 꾸리는 것이다.

비슷한 사람들끼리 모이면 의사 결정이 빠르고 분위기가 좋을지 모른다. 하지만 위기가 닥쳤을 때 모두가 똑같은 시각으로 문제를 바라보면 해결책을 찾지 못하고 공멸하게 된다. 개발자 출신 대표라면 비즈니스 감각이 뛰어난 공동 창업자를, 영업자 출신 대표라면 기술적 깊이를 가진 기술 책임자를 영입해야 한다. 서로 다른 배경과 역량을 가진 사람들이 모여 치열하게 논쟁하고 시너지를 낼 때 회사는 폭발적으로 성장한다. 당장 내부에서 찾기 힘들다면 외부 전문가를 아웃소싱해서라도 조직의 구멍을 메워야 한다.

초기 투자자는 아이템이 아니라 사람에 베팅한다

창업 초기에는 보여 줄 수 있는 지표가 거의 없다. 매출도 미미하고 제품도 엉성하다. 이때 투자자들이 투자를 결정하는 가장 결정적인 근거는 바로 창업 팀의 역량이다.

'이 팀이라면 이번 아이템이 실패해도 결국에는 뭔가를 해내겠구나.'

이 확신을 주는 것이 핵심이다. 실제로 벤처 캐피털 업계에는 전설적인 일화가 많다. 모 대형 게임사에서 대박 게임을 만들었던 핵심 개발 팀이 퇴사한다는 소문이 돌자, 아직 법인도 만들지 않았는데 투자자들이 찾아가 "회사 설립부터 도와줄 테니 투자를 받으라"라며 줄을 섰다는 이야기다.

그만큼 검증된 팀, 합이 맞는 팀의 가치는 돈으로 환산할 수 없다. 비즈니스 모델은 시장 상황에 따라 언제든 바뀔 수 있지만, 단단한 팀워크와 실행력은 변하지 않는 자산이기 때문이다.

결국 스타트업 경영의 기승전결은 모두 팀 빌딩으로 귀결된다. 당신이 대표라면, 당신의 가장 중요한 업무는 코딩도, 영업도 아니다. 바로 우리 회사에 필요한 인재를 찾아내고 그를 설득해 버스에 태우는 일이다. 유비가 제갈량을 얻기 위해 3번 찾아갔다는 삼고초려는 옛말이다. 인재 전쟁이 치열한 지금, 훌륭한 공동 창업자나 핵심 인재를 모시기 위해서는 '삼십고초려'라도 불사해야 한다.

그 한 사람이 당신의 회사를 살릴 수도, 죽일 수도 있다. 가장 중요한 것은 언제나, 그리고 영원히 사람이다.

내력이
강한 자만이
살아남는 게임

창업 초기에 나를 가장 괴롭힌 적은 경쟁사도, 자금난도 아니었다. 바로 무너져 내리는 내 마음이었다. 부끄러운 고백이지만 나는 퇴사 후 한동안 '과거의 나'와 '현재의 나'를 끊임없이 비교하며 스스로를 지옥으로 몰아넣었다.

대기업 직장인 시절의 나는 주 5일, 정해진 시간에 출퇴근하며 꼬박꼬박 나오는 월급과 성과급을 누렸다. 하지만 창업가가 된 나는 주 6일은 기본이고 하루 12시간 넘게 일했다. 업무 시간은 2~3배나 늘어났는데, 통장에 찍히는 월급은 전 직장의 5분의 1로 쪼그라들었다. 회사라는 거대한 시스템이 막아 주던 온갖 불합리하고 자잘한 일들이 필터 없이 나에게 쏟아졌다. '내가 이런 일까지 해야 하나?'라는 생각이 하루에도 수십 번씩 들었다.

가장 뼈아픈 것은 가족에게 미치는 영향이었다. 가장의 소득이 줄어드니 당장 아이들이 다니던 학원 수를 줄여야 했고, 아끼던 자동차를 팔아야 했다. 금전적인 문제가 현실의 벽으로 다가올 때마다, 나를 믿어 준 가족들에게 피해를 주고 있다는 죄책감이 가슴을 짓눌렀다.

'내가 고작 이러려고, 이렇게 살려고 안정된 직장을 때려치우고 나왔나?'

밤마다 찾아오는 자괴감이 나를 갉아먹었다. 정말 이 길이 맞는지, 언제까지 이 고통을 감내해야 하는지 끝없는 번뇌가 이어졌다.

하지만 물러설 곳은 없었다. 퇴직금은 이미 사무실 보증금과 초기 자금으로 녹아들었고, 돌아갈 다리는 불에 타 없어졌다. 결국 나는 이 셀 수 없는 고민과 번뇌를, 사업을 통해 얻는 작은 성취의 희열과 '더 이상 물러설 곳이 없다'는 절박함으로 꾹꾹 눌러 담으며 하루하루를 버텨 냈다.

적성을 탓하지 마라, 하고 있는 일을 사랑해라

사람들은 흔히 "좋아하는 일을 하라"라고 말한다. 하지만 창업을 한 뒤 현실을 맞닥뜨리고 나면 내가 좋아하는 일만 골라 할 수는 없다. 나는 부동산 관련 일이 적성에 맞지 않았다. 처음에는 용어조차 낯설고 흥미도 없어서 무척 힘들었다. 15년 가까이 온라인 비즈니스만 해 왔는데 부동산 사업은 거의 100퍼센트 오프라인성 업무였다. 하지만 내가 선택한 길이었다. 나는 마음을 고쳐먹었다. 좋아하는 일을 찾을 수 없다면, 내가 지금 하는 일을 좋아하기로 작정한 것이다.

나는 부동산을 사랑하기로 최면을 걸었다. 닥치는 대로 부동산 관련 정보를 습득했고, 급기야 퇴근 이후 하루 4시간씩 6개월간 공부해 공인 중개사 자격증까지 취득하며 전문가가 되기 위해 몸부림쳤다. 돌이켜 보면, 내가 창업 초기에 기업가 정신의 본질을 조금 더 일찍 이해하고 멘탈을 관리했더라면, 그토록 힘들게 방황하지는 않았을 것이라는 아쉬움이 남는다.

불확실성을 이기는 슘페터의 기업가 정신

그렇다면 도대체 기업가 정신이란 무엇인가? 단순히 회사를 차리고 사장님이 되는 것이 아니다. 기업가 정신은 "외부 환경의 급격한 변화에 빠르게 대응하면서 기회를 포착하고, 혁신적인 사고와 행동으로 시장에 새로운 가치를 창조하려는 굳센 의지"를 말한다.

경제학의 거장 슘페터는 이를 '창조적 파괴 creative destruction'라고 불렀다. 그는 미래의 불확실성 속에서도 장래를 정확하게 예측하고, 위험을 감수하며, 끊임없이 변화를 모색하는 것이야말로 기업가의 존재 이유라고 역설했다. 2026년의 창업 환경은 슘페터가 살던 시대보다 훨씬 더 불확실하다. AI가 인간의 지능을 넘어서고 산업의 경계가 무너지는 혼돈 속에서, 기업가는 안개를 뚫고 나아가는 선장이어야 한다.

기업가 정신을 구성하는 요소는 다양하다. 쏟아지는 문제들을 해결하는 능력, 남들이 보지 못하는 기회를 포착하는 통찰력, 실패를 두려워하지 않는 모험심, 조직을 이끄는 리더십과 팀워크, 그리고 끝까지 해내겠다는 성취 의

지와 몰입 능력까지. 이 모든 것이 기업가의 DNA에 새겨져 있어야 한다.

재능보다 중요한 것은 버티는 힘, 그릿 정신

하지만 이 거창한 요소들을 다 차치하고, 창업 초기 생존을 위해 필요한 능력을 단 하나만 꼽으라면 나는 주저 없이 강철 같은 멘탈, 즉 실패에 대한 인내력을 꼽겠다.

창업을 하면 당신이 그전에 무엇을 상상했든 반드시 그 이하의 바닥을 보게 될 것이다. 살면서 한 번도 겪어 보지 못한 모멸감을 느낄 것이고, 계획대로 되는 일은 단 하나도 없다는 머피의 법칙을 매일 경험하게 될 것이다.

'나는 누구인가, 여긴 어디인가?'
'주말도 없이 하루 15시간씩 일해서 남는 게 병밖에 없나?'
'지금이라도 포기하고 다시 월급쟁이로 돌아갈까?'

이런 나약한 마음이 하루에도 수십 번씩 당신을 공격할 것이다. 살아남기 위해서는 당신이 상상할 수 있는 최악의 상황을 '일반적인 상수'로 받아들이는 담대함이 필요하다.

미국 실리콘밸리에서는 이런 정신을 '그릿Grit'이라고 부른다. 펜실베이니아 대학교의 심리학자 앤절라 더크워스 교수가 주창한 이 개념은, 성공의 가장 큰 예측 변수는 지능이나 재능이 아니라 열정과 집념이 결합된 끈기라는 것을 증명했다. 창업은 단거리 달리기가 아니라 마라톤이다. 성공적인 기업을 만들기 위해 겪어야 하는 그 수많은 고통과 오욕의 시간을, 이를 악물고 견뎌 내는 그릿 없이는 결코 완주할 수 없다.

인생은 내력(內力)과 외력(外力)의 싸움이다

수많은 사람이 인생 드라마로 꼽는 〈나의 아저씨〉에는 건축 구조 기술사인 주인공 박동훈이 삶의 무게를 견디며 내뱉는 명대사가 나온다.

"인생은 내력과 외력의 싸움이야. 무슨 일이 있어도 내력이 세면 버티는 거야."

건물은 외부에서 가해지는 힘(외력)보다 내부에서 버티는 힘(내력)이 강하게 설계돼야 무너지지 않는다. 사람도, 기업도 마찬가지다. 창업가는 매일 거센 비바람과 폭풍우라는 외력에 시달린다. 자금이 마르고, 직원이 떠나고, 고객이 컴플레인을 걸고, 경쟁사가 치고 올라온다.

이때 당신이 무너지지 않으려면 내력을 키워야 한다. 그것이 바로 기업가 정신이고, 멘탈 관리이며, 그릿이다. 환경을 탓하지 마라. 상황을 비관하지 마라. 그저 묵묵히 당신의 내력을 키워라. 내력이 외력보다 강해지는 순간, 당신의 스타트업은 어떤 시련에도 흔들리지 않는 단단한 성城이 될 것이다.

인생을 건 도원결의,
공동 창업자
구하기

앞에서 팀 빌딩이 스타트업의 성패를 가르는 가장 중요한 요소라고 얘기했는데, 이번에는 팀 빌딩 중에서도 가장 중요한 변수이자, 창업자들이 가장 큰 실수를 저지르는 영역인 공동 창업자를 구하는 방법에 대해 이야기를 하고자 한다.

위대한 제국 뒤에는 언제나 '그들'이 있었다

세상을 바꾼 기업들의 시작점을 들여다보면 흥미로운 공통점을 발견할 수 있다. 그곳에는 언제나 고독한 천재 한 명이 아니라 서로의 등을 맞댄 상보적 관계의 파트너가 있었다.

애플의 신화는 1976년, 비즈니스의 천재 스티브 잡스와 엔지니어링의 천재 스티브 워즈니악이 차고에서 만났을 때 시작됐다. 잡스가 꿈을 팔면 워즈니악이 그것을 현실로 구현했다. 구글 제국은 1998년에 스탠퍼드대학교 대학원 기숙사에서 시작됐다. 외향적이고 실행력 강한 세르게이 브린과 내성적이고 분석적인 래리 페이지, 너무나도 달랐던 두 사람의 결합이 오늘날의 검색 공룡을 만들었다.

먼 나라만의 이야기가 아니다. 넥슨의 김정주와 송재경, 네이버의 이해진과 8인의 창업 멤버들, 그리고 600억 원에 카카오에 매각하면서 엑시트 신화를 쓴 '김기사(현재의 카카오 내비)'의 박종환, 김원태, 신명진 대표까지. 언론은 브랜딩을 위해 영웅 한 명을 조명하는 것을 좋아하지만, 그 화려한 스포트라이트 뒤에는 언제나 묵묵히 역할을 분담하고 회사를 함께 키워 낸 공동 창업자들이 있다.

스타트업은 철저한 팀 스포츠다. 아무리 뛰어난 투수라도 포수가 없으면 공을 던질 수 없듯, 당신이 아무리 뛰어난 기획자라도 개발자나 디자이너가 없다면 게임을 시작조차 할 수 없다. 1인 기업으로 평생 혼자 갈 생각이 아니라면, 당신에게는 반드시 공동 창업자가 필요하다.

공동 창업자, 반려자를 고르는 것보다 더 신중해야 한다

그렇다면 누구와 피를 섞고 공동 창업을 할 것인가? 이 질문 앞에서 많은 창업자들이 너무나 안일한 태도를 보인다. 단언컨대, 공동 창업자를 구할 때는 평생의 반려자를 구할 때보다 더 치열하고 신중해야 한다.

생각해 보라. 창업 후 당신은 깨어 있는 시간의 대부분을 가족이 아니라 공동 창업자와 함께하게 된다. 하루 12시간, 주 6일, 때로는 밤을 새워 가며 최소 3년에서 5년, 길게는 10년 넘게 한 배를 타야 한다. 그 기간 동안 당신은 가족에게도 말 못 할 회사의 비밀, 자금난의 고통, 그리고 희열의 순간을 그 사람과 공유해야 한다. 공동 창업자는 단순한 비즈니스 파트너가 아니다. 당신의 두 번째 반려자다.

그런데도 많은 사람이 그냥 친해서, 사람이 착해서, 당장 급해서라는 이유로 덜컥 지분을 나누고 손을 잡는다. 심지어 반려자는커녕 반려견을 입양할 때보다 덜 고민하는 경우도 허다하다. 결과는 참혹하다. 성격 차이로 인한 갈등, 비전의 불일치, 그리고 팀의 와해 등으로 인해 회사가 공중분해되고는 한다.

그렇기에 당신에게는 사람을 보는 확고한 철학이 필요하다. 다음은 내가 수많은 만남과 이별을 통해 정립한, 실패하지 않는 공동 창업자의 조건이다.

실패하지 않는 도원결의를 위한 5가지 원칙

① 야망과 꿈의 크기가 비슷한 사람이어야 한다

스타트업의 여정은 험난하다. 이때 서로가 바라보는 목적지의 높이가 다르면 필연적으로 균열이 생긴다. 한 사람은 우주 정복(유니콘)을 꿈꾸는데, 다른 한 사람은 적당히 먹고사는 삶을 원한다면, 혹은 한 사람은 IPO까지가 보자고 하는데 다른 한 사람은 적당히 팔고 엑시트하고자 한다면 이 동상

이몽은 결국 파국을 부른다. 야망의 크기가 비슷해야 고통과 오욕의 세월을 함께 버틸 수 있다.

② 꿈은 같되 성향은 정반대인 사람이어야 한다

비슷한 사람끼리 모이면 마음이 편하다. 회의할 때도 "좋아, 좋아" 하며 끝날 것이다. 하지만 그것은 폐업으로 가는 지름길이 될 수 있다. 스타트업에는 브레이크 없는 액셀러레이터도 필요하고, 꼼꼼하게 핸들을 잡는 드라이버도 필요하다. 누군가가 저지르면 누군가는 수습해야 한다. 나와 다른 성향의 사람 때문에 생기는 불편함을 견뎌라. 그 불편함이 바로 서로의 구멍을 메워 주는 상보적 관계의 증거다.

③ '나의 꿈'이 아니라 '우리의 꿈'을 꾸는 사람이어야 한다

공동 창업자는 당신의 지시를 받는 부하 직원이 아니다. 당신의 꿈을 실현해 주는 도구도 아니다. "대표님 말씀이 맞습니다"라고 말하는 예스맨을 찾지 마라. "우리가 함께 이 문제를 해결해 보자"라고 말하는 길동무를 찾아라. 사업은 실패하더라도, 사람에게는 실패하지 말아야 한다. 그래야 아이템이 망해도 다시 일어나 새로운 꿈을 꿀 수 있다. 유튜브가 데이트 서비스로 실패하고 동영상 플랫폼으로 피버팅해 성공한 일도 끈끈한 팀워크가 있었기에 가능했다.

④ 비를 피하는 사람이 아니라 폭풍 속에서 춤추는 사람이어야 한다

스타트업은 평온한 호수 위의 뱃놀이가 아니다. 매일이 전쟁이고 폭풍우다. 조금만 힘들어도 "이건 내 일이 아닌데", "월급은 언제 나오나"라며 움츠러드는 사람은 당신의 파트너가 될 자격이 없다. 비바람이 몰아칠 때 우산을 쓰는 것을 넘어, 그 폭풍우 속으로 뛰어들어 함께 춤을 출 수 있는 '전우' 같은 사람이어야 한다. 인생을 걸고 위험을 함께 감수할 배짱이 있는가? 나는 사업이 조금씩 잘되면서 주변의 고소, 고발로 검찰 조사와 경찰 조사를 받아 본 경험이 있다. 모두 무혐의로 끝났지만 그때마다 떠나간 직원들이 있었던 반면 5시간 가까이 검찰청 주차장에서 기다려 준 직원도 있었다. 당신이라면 누구와 함께하겠는가?

⑤ 열정보다 이성을 중요시하는 사람이어야 한다

이제 열정 페이는 너무 오래된 단어가 돼 버렸고, "열심히 하겠다"라는 말은 신입 사원 면접에서나 통한다. 공동 창업자라면 열정은 기본이고 그 위에 압도적인 전문성이 있어야 한다. 그리고 전문성은 성과와 숫자로 증명돼야 한다. 성과 없는 열정은 아마추어의 객기일 뿐이다. 또한 공동 창업자는 '스스로 일어선 자'여야 한다. 누가 시키지 않아도 알아서 일을 찾고, 문제를 해결하며, 스스로 동기를 부여하는 사람이어야 한다. 대표인 당신이 공동 창업자 멘탈까지 케어하며 업어 키우기에는 우리가 가야 할 길이 너무 멀고 험하다.

인생에 정답이 없듯 공동 창업자 찾기에도 모범 답안은 없다. 하지만 분명한 점은, 좋은 사람은 가만히 앉아 있는 당신에게 제 발로 찾아오지 않는다는 것이다. 업계 최고의 전문가가 당신과 친하고 심지어 열악한 환경에서도 함께 일하고 싶어 한다면 당신은 전생에 나라를 구한 것이다. 하지만 우리 모두가 알다시피 전생에 나라를 구한 사람은 거의 없다. 그러므로 우리는 끊임없이 발품을 팔고 소개를 받는 등 다양한 노력을 통해 위의 조건에 부합하는 공동 창업자를 찾아내야 한다. 그 치열한 노력이 훗날 당신을 위대한 성공으로 이끄는 첫 번째 열쇠가 될 것이다.

공동 창업자를 구할 때
저지르는
흔한 실수

대학교 4학년 C군은 대기업 취업의 높은 문턱 앞에서 좌절하고 있었다. 그러던 중 의류 쇼핑몰이 창업하기도 쉽고 마진도 좋다는 소문에 귀가 솔깃해졌다. 그는 즉시 쇼 호스트 업체를 통해 쇼핑몰을 차렸다. 하지만 혼자서는 불안했다. 그래서 취업 준비가 잘 안돼 놀고 있던 대학 친구 두 명을 설득해 창업 멤버로 합류시켰다. 전문성은 없지만, 누구보다 신뢰할 수 있고 일하기 편하다는 것이 가장 큰 이유였다.

그들은 스스로를 '어벤져스'라 불렀다. 명함에는 각각 대표 이사, 전무 이사, 상무 이사라는 거창한 직함을 박아 넣었고 지분도 사이좋게 33퍼센트씩 나눠 가졌다. 하지만 현실은 영화처럼 흘러가지 않았다. 정부 지원 사업에 도전했지만 혁신성이라고는 찾아볼 수 없는 단순 쇼핑몰에 나랏돈을 줄 리 만무했다. 서류 심사에서 줄줄이 탈락했다. 부모님께 지원받은 자금은 급속도로 말라 갔다. 동대문에서 사입한 옷들은 팔리지 않아 창고에 쌓였고, 홍보가 문제라며 빚까지 내서 온라인 광고를 해 봤지만 밑 빠진 독에 물 붓기였다.

결국 그들은 서로를 탓하기 시작했다.

"네가 마케팅을 못해서 그래."

"네가 옷을 잘 못 골라서 그래."

팀은 산산조각 났고, 남은 것은 재고와 빚뿐이었다. 이들은 어디서부터 잘못된 걸까?

창업은 끼리끼리? 익숙함의 함정

C군과 친구들의 실패는 인적 네트워크의 빈곤과 전문성의 부재가 빚어낸 비극이다. 어린 창업자일수록, 혹은 준비가 덜 된 창업자일수록 협소한 인간관계 안에서 공동 창업자를 찾으려 한다. 물론 신뢰할 수 있는 사람을 찾을 수 있다는 점에서는 나쁘지 않다. 하지만 문제는 직무 적합성을 무시한 채 단순히 친하다는 이유로 중요한 역할을 맡긴다는 점이다.

"네가 경영학과니까 마케팅 해."

"너는 컴공과니까 개발 맡아."

"너는 내 동생이니까 돈 관리해."

영문과를 나왔으니 원어민처럼 영어를 잘할 거라고 믿는 것만큼이나 어리석은 생각이다. 경영학 전공자라고 다 마케팅을 잘하는 것도 아니고, 컴공과라고 모두가 코딩 천재인 것도 아니다. 냉정하게 말해서 그들은 어벤저스가 아니라 동네 조기 축구단에 가깝다. 제발 투자 유치를 위한 사업 계획서의 팀 소개에 '어벤저스'라는 단어는 넣지 말자. 우리나라에는 능력 없는 어벤저스가 너무도 많다.

경력자면 무조건 영입? 신뢰 없는 전문성의 위험

반대로 전문성만 보고 섣불리 손을 잡는 일도 위험하다. 나 역시 뼈아픈 실수를 한 적이 있다. 네이버에서 근무하던 시절, 일면식도 없는 개발자를 찾아가 최고 기술 책임자, 즉 CTO 자리를 제안했다. 그의 코딩 실력은 탁월했을지 모르나, 우리 사이에는 '신뢰'라는 자본이 전혀 없었다. 결국 지분 문제부터 시작해 다양한 의견 차이, 오해가 발생하면서 팀은 와해됐다.

또한 CTO가 자신의 지인들로만 개발 팀을 꾸리는 경우도 경계해야 한다. 만약 불화가 생겨 CTO가 나간다면? 그가 데려온 개발 팀 전체가 썰물처럼 빠져나가는 사태가 벌어질 수 있다. 단순히 회사를 그만두는 정도를 넘어서, 그들은 소스 코드를 모두 갖고 있으니 비슷한 서비스를 금방 만들 수도 있다. 회사의 존폐가 걸린 문제다. 특정 개인의 인맥에 의존한 조직 세팅은 언제 터질지 모르는 시한폭탄과 같다.

현명하게 공동 창업자를 구하는 4가지 실전 전략

그렇다면 도대체 어디서, 어떻게 공동 창업자를 찾아야 할까? 편한 친구도 안 되고, 모르는 전문가도 안 된다면 답은 어디에 있는가?

① 사돈의 팔촌까지 샅샅이 뒤져라

초반에는 어쩔 수 없이 지인 네트워크를 활용해야 한다. 하지만 가족을 채용하라는 뜻이 아니다. 가족의 지인, 친구의 친구, 선배의 후배, 전 직장 동료의 지인까지 범위를 넓혀라. 내가 직접 아는 사람이 아니라, 신뢰할 만한 사람이 추천하는 전문가를 찾아야 한다. 전 직장에서 평판이 좋았던 사람에게 밥과 차를 사라. 그가 합류하지 않더라도 그 주변의 좋은 사람을 소개받을 수 있다.

② 방구석을 탈출해 현장으로 나가라

데모데이demoday, 해커톤hackathon 같은 행사는 최고의 인재를 만날 수 있는 기회다. 대부분은 가서 아는 사람들과 맥주만 마시다 오는데, 그건 시간 낭비다. 모르는 사람에게 말을 걸고 명함을 건네라. 이런 행사에 온다는 것 자체가 이미 스타트업에 관심과 열정이 있다는 증거다. 멀쩡히 회사 잘 다니는 사람을 설득하는 것보다 성공 확률이 훨씬 높다.

③ 스타트업 전문 채용 플랫폼을 공략하라

'잡코리아'나 '사람인' 같은 채용 사이트는 대기업이나 중소기업 위주다. 스타트업에 관심 있는 사람들은 '로켓펀치', '원티드', '링크드인'에 모여 있다.

또는 'EO플래닛' 같은 커뮤니티를 활용하라. 물론 귀인이 제 발로 찾아올 것이라는 기대는 버려라. 적극적으로 DM을 보내고 커피 챗^{coffee chat}을 제안해야 한다.

④ 거절을 두려워 말고 고수를 찾아가라

업계 최고의 전문가나 현직자를 찾아가 조언을 구하라. 열에 아홉은 거절하겠지만, 우리는 거절에 익숙해져야 한다. 지성이면 감천이라고, 정말 간절하게 매달리면 본인이 합류하지는 않더라도 쓸 만한 후배나 제자를 소개해 주는 경우가 있다. 그 한 명의 추천이 회사의 운명을 바꿀 수 있다.

이 내용들이 뻔해 보일 수 있다. 하지만 장담컨대, 대부분의 창업자들이 이 뻔한 일조차 하지 않고는 사람이 없다고 한탄한다. 발품 팔기가 귀찮고 거절당하는 일이 두렵기 때문에 편한 친구를 찾고 자기 합리화를 하는 것이다.

기억하라. 아무것도 하지 않으면 아무 일도 일어나지 않는다. 신기하게도 좋은 사람 곁에는 좋은 사람들이 모여 있다. 지금 당장 휴대폰을 들고 당신이 아는 가장 멋진 사람에게 전화를 걸어라. 그리고 물어라.

"당신 주변에 ○○ 직무에 최고의 인재가 있다면, 소개해 줄 수 있나요?"

스펙보다 중요한
공동 창업자
조건

창업자 A 씨는 업계에서 내로라하는 대형 IT 기업 출신의 개발자 B 씨를 공동 창업자로 영입했다. 오랜 기간 설득한 끝에 적지 않은 지분과 업계 최고 수준의 연봉까지 맞춰 줬다. 심지어 후배 개발자들도 몇 명 데려오기로 했다. A 씨는 세상을 다 얻은 기분이었다.

'이제 기술 문제는 해결됐으니 사업은 탄탄대로겠구나.'

초반에 B 씨는 열정을 불태우며 밤샘 코딩도 마다하지 않았다. 하지만 아름다운 시간은 그리 길지 않았다. 회사가 자리를 잡아 가면서, B 씨의 입에서 나오는 말은 비전이 아니라 불평으로 바뀌어 갔다. 시작은 사소했다. 왜 캡슐 커피머신이 없냐, 간식 종류가 너무 적다, 화장실 청소를 왜 우리가 해야 하냐는 불평은 애교였다. 점점 요구 수위가 높아졌다. 아직 매출도 없고 적자를 면치 못하는 상황에서 법인 차량을 리스해 달라, 이전 직장처럼 부모님 상해 보험까지 지원해 달라는 무리한 요구를 하기 시작했다. 급기야 그는 직원들 앞에서 "내가 연봉 깎고 이런 구멍가게에 왔는데 시스템이 엉망이다. 전 회사에서는 상상도 못 할 일이다"라며 공개적으로 짜증을 내기 시작했다.

악화가 양화를 구축한다고 했다. 리더급인 그가 쏟아 내는 부정적인 발언들은 순식간에 회사 분위기를 오염시켰다. 열심히 하던 주니어 직원들조차 동요하기 시작했다. 실력만 믿고 데려왔는데, 자르지도 못하고 안고 가지도 못하는 진퇴양난에 빠져 A 씨는 극심한 스트레스에 시달려야 했다.

이력서가 보여 주지 않는 것들

'설마 진짜 저런 사람이 있겠어?'라고 생각할지 모르지만, 스타트업 현장에서는 놀라울 정도로 흔한 풍경이다. 화려한 간판과 스펙만 보고 덜컥 손을 잡았다가 그 사람의 '대기업 병' 때문에 밤마다 소주잔을 기울이는 창업자들을 수도 없이 봐 왔다. 공동 창업자의 잘못된 태도는 비행기의 엔진 하나가 고장 난 것보다 더 위험하다. 엔진은 고치면 되지만, 사람은 쉽게 고칠 수 없기 때문이다.

수많은 만남과 헤어짐, 그리고 뼈아픈 시행착오를 통해 내가 체득한 최고 공동 창업자의 조건은 명확하다. 인성, 리더십, 커뮤니케이션 능력 등 수많은 덕목이 필요하지만, 초기 스타트업이 야생에서 생존하기 위해 절대 타협할 수 없는 3가지 핵심 요소가 있다.

조건① 열정을 넘어서는 압도적 전문성

냉정하게 말해서 스타트업은 대학생 동아리나 동네 조기 축구회가 아니다. 열정과 패기는 기본일 뿐, 그것이 성과를 담보하지는 않는다. 공동 창업자라면 해당 분야에서만큼은 타짜 소리를 듣는 선수여야 한다.

내가 비즈니스를 담당한다면 상대방은 기술을, 내가 기획을 한다면 상대방은 디자인을 맡는 식으로 서로의 등을 맡길 수 있는 상보적 관계여야 한다. 이때 상대방의 실력은 평균 이상 정도가 아니라, 내가 모르는 영역을 전적으로 위임할 수 있을 만큼 압도적이어야 한다. 그래야 서로 간섭하지 않고 속도를 낼 수 있다. "열심히 하겠다. 열심히 배우겠다"라고 말하는 사람은 직원으로서나 매력적이지, 공동 창업자로는 부적합하다.

조건② 시행착오를 줄여 주는 경험과 네트워크

전문성과 더불어 현장 경험도 중요하다. 특히 대기업이나 빠르게 성장하는 스타트업에서 시스템을 경험해 본 사람은 큰 자산이 된다. 그들은 조직이 커질 때 어떤 문제가 생기는지, 체계를 어떻게 잡아야 하는지 등 가 보지 않은 길을 미리 알고 있다.

하지만 더 귀한 것은 맨땅에 헤딩해 본 경험이다. 성공했든 실패했든, 자신의 손으로 0에서 1을 만들어 본 사람은 위기 상황에서 당황하지 않는다. 또한 그 과정에서 쌓은 폭넓은 인적 네트워크는 돈으로 살 수 없는 무기다.

"개발자가 필요한데 누구 없나?"라고 했을 때 전화 한 통으로 A급 인재를 데려올 수 있는 능력, "투자자가 필요한데"라고 했을 때 미팅을 성사시킬 수 있는 능력, 그것이 바로 공동 창업자의 자격이다.

조건③ 무엇보다 중요한 투지와 험블함

가장 중요하고 가장 갖추기 어려운 마지막 조건은 바로 태도다. 여기에는 두 가지 키워드가 있다.

하나는 '그릿'이다. 앤절라 더크워스가 말한 것처럼, 재능보다 중요한 끝까지 해내는 힘이다. 스타트업은 매일이 거절과 실패의 연속이다. 이때 멘탈이 흔들리지 않고, "그래도 다시 한번 해 보자"라며 털고 일어나는 투지와 회복 탄력성이 있어야 한다.

또 하나는 '험블함^{humbleness}'이다. 단순히 겸손해야 한다는 뜻이 아니다. '현실을 직시하고 자신의 자아, 체면, 허세를 내려놓는 능력'이 있어야 한다는 것이다. 영미권 스타트업 신에서는 이를 "손에 흙을 묻히다^{Get your hands dirty}"라고 표현한다. 명문대를 나온 대기업 임원 출신이라 해도, 회사가 필요하다면 직접 화장실 청소를 하고, 무거운 짐을 나르고, 전단지를 돌릴 수 있어야 한다. "내가 왕년에……"라며 과거의 영광에 취해 팔짱 끼고 지시만 하려는 사람은 팀을 썩게 만든다. 내려놓지 못하는 사람은 아무리 능력이 뛰어나도 팀에 도움이 안 된다. 계속 말하지만 스타트업은 팀 스포츠다. 화려한 경력보다 당장 전단지라도 뿌리는 실행력이 더 필요하다.

공동 창업자를 찾기 위해 수많은 사람을 만나다 보면, 이 3가지(전문성, 경험, 험블함)를 모두 갖춘 유니콘 같은 사람은 정말 드물다. 그러다 보면 조급한 마음에 '사람이 좋으니까', '기술은 좋으니까'라며 스스로와 타협하고 싶은 유혹에 빠진다.

하지만 제발, 사람을 영입할 때만큼은 현실과 타협하거나 자기 합리화를 하지 않기를 바란다. 최고의 선수들이 모여도 성공 확률이 1퍼센트가 안 되는 일이 스타트업이다. 급한 마음에 나사가 빠진 부품을 끼워 넣고 이륙했다가는 활주로를 벗어나기도 전에 공중분해될 가능성이 매우 높다. 조금 늦더라도, 당신과 함께 흙탕물에 손을 담글 준비가 된 공동 창업자를 찾아라.

스타트업 대표,
왕관의 무게를
견뎌라

몇 해 전, AI 업계에 혜성처럼 등장해 단기간에 폭발적인 성장을 이뤄 낸 한 스타트업의 대표를 만난 적이 있다. 그 놀라운 성장 속도의 비결이 무엇인지, 도대체 어떤 마법을 부린 것인지 궁금해하는 나에게 그는 덤덤하게 대답했다.

"저는 초기 멤버 세 명과 원룸에 같이 살면서 토요일 오후에만 쉬었어요. 그 반나절을 뺀 나머지 시간은 전부 일만 했습니다."

일주일에 6.5일. 잠자는 시간을 제외하고 오직 일에만 매달린 시간들. 비단 그 사람만의 이야기가 아니다. 우리가 이름만 대면 알 만한 성공한 유니콘 기업의 창업자들은 대부분 초창기에 일반인은 상상조차 하기 힘든 수준의 노동 강도와 몰입을 견뎌 냈다. 그들에게 '워라밸'은 사치스러운 단어였다. 오직 생존과 성장이라는 두 단어만이 그들의 뇌를 지배했다.

그래서 나는 감히 말한다. 스타트업 대표 이사는 아무나 해서는 안 된다. 아니, 아무나 해서도 안 된다.

대표는 단순히 '나 사장이요' 하고 명함을 돌리는 자리가 아니다. 작게는 두세 명, 많게는 수백 명의 직원과 그들 뒤에 있는 가족들의 생계를 책임져야 하는 무거운 자리다. 창업을 쉽게 생각해서는 안 되는 것처럼, 창업 팀 내에서 누가 대표를 맡을 것인가는 신중을 넘어 치열하게 고민해야 할 문제다.

지분 때문이 아니다, 광기 어린 사명감 때문이다

내가 현장에서 목격한, 일정 수준 이상의 성과(연 매출 10억 원 이상)를 내거나 벤처 캐피털로부터 투자를 받은 대표들의 삶은 헌신과 희생 그 자체였다. 누군가는 냉소적으로 말한다. 자기 회사고, 지분을 제일 많이 가졌으니까 당연히 열심히 하는 것 아니냐고.

하지만 그것은 스타트업의 본질을 모르는 1차원적인 해석이다. 지분 가치 상승이라는 금전적 보상만으로는 그 살인적인 스케줄과 스트레스를 1년 넘게 버틸 수 없다. 내가 아는 진짜 대표들은 돈을 넘어서는 무엇인가를 가지고 있다. 남들이 이해하기 힘든 수준의 사명감, 이 사회적 문제를 반드시 해결하고야 말겠다는 집요한 광기, 그리고 동료들을 지키겠다는 책임감이 그들을 움직인다. 리더의 이런 비이성적인 헌신이 직원들의 가슴을 울리고, 그제야 회사는 성장이라는 궤도에 오른다.

슈퍼맨이거나 죄인이거나, 대표 이사의 하루

성공한 스타트업 대표들의 삶을 들여다보면 소름 끼칠 정도로 비슷한 패턴이 보인다. 그들은 기본적으로 주 평균 6일, 하루 13시간에서 15시간을 일한다. 하지만 단순히 일하는 시간이 긴 것이 아니라 그 밀도와 압박감이 중요하다.

대표는 매일 수십, 수백 건의 의사 결정을 내려야 한다. 그 결정 하나하나가 회사의 존폐를 가를 수 있다는 공포 속에서 승인 버튼을 누른다. 의사 결정을 제때 안 한다면 직무 유기다. 어디 그뿐인가? 회사 안에서는 직원들의 불만을 들어 주는 상담사이자 부모 역할을 해야 하고, 회사 밖으로 나가면 투자자들 앞에서 아쉬운 소리를 하며 자금을 구해 와야 하는 영업 사원이 된다.

사건, 사고가 터지면 제일 먼저 현장으로 뛰어가야 하는 사람도, 악성 민원을 제기하는 진상 고객 앞에서 고개를 숙여야 하는 최종 처리반이자 해결사도 결국 대표의 역할이다. 상황에 따라 고용노동부에 불려 가거나 경찰, 검찰 조사를 받으며 피의자 신분이 되기도 한다. 회사의 자금줄이 마르면 가장 먼저 본인의 월급을 0원으로 깎고, 집을 담보로 대출을 받으러 뛰어다니는 사람도 대표다.

그리고 이 모든 전쟁을 치르고 난 뒤 밤늦게 퇴근길에 오르면 사무치는 외로움이 찾아온다. "술집에서 혼자 술 마시는 사람의 대부분은 기업 오너다"라는 말이 있다. 누구에게도 약한 모습을 보일 수 없고 고통을 나눌 수 없는 리더의 고독은 겪어 보지 않은 사람은 절대 모른다. 만약 스타트업 대표들을 위한 멘탈 힐링 캠프가 있다면, 내 사비를 털어서라도 보내 주고 싶은 심정이다.

정신력도 실력이다

스타트업 대표들은 대체로 똑똑하고 창의적이며 욕망이 강하다. 하지만 '똑똑한 것'과 '버티는 것'은 다른 문제다. 특히 나이가 어린 대표일수록 위기관리 능력이 떨어지고 멘탈 관리가 되지 않아 작은 고비에도 쉽게 무너지는 경우를 종종 본다. 극단적인 경우, 대표가 압박감을 이기지 못해 잠적해 버리거나 연락이 두절돼 잘 돌아가던 팀이 하루아침에 공중분해되는 비극도 목격했다. 실리콘밸리의 창업가들이 왜 그토록 명상에 집착하고 마인드풀니스mindfulness를 강조하겠는가? 멘탈이 곧 생존 기술이기 때문이다.

강의나 멘토링 현장에서 자주 받는 질문이 있다.

"공동 창업자들끼리 서로 대표를 하고 싶어 하는데, 누가 하는 게 좋을까요?"

보통은 아이디어를 내고 팀을 꾸린 사람이 자연스럽게 대표가 되지만, 때로는 '대표 이사'라는 타이틀이 주는 허영심 때문에 서로 욕심을 내거나, 반대로 책임지기 싫어서 서로 미루는 경우도 있다. 기업가 정신 같은 거창한 이론을 떠나 나는 아주 현실적인 기준을 제시하고 싶다.

누가 대표를 해야 하는가? 단순히 말을 잘하거나 아이디어를 낸 사람이 아니다. 가장 많은 자본과 시간을 갈아 넣을 준비가 된 사람, 팀원들이 '이 사람과 함께라면 지옥 불에라도 뛰어들 수 있겠다'라고 느끼게 하는 리더십을 가진 사람, 무엇보다 회사가 소송에 휘말리거나 빚더미에 앉았을 때 도망가지 않고 경찰서 조사실에 앉아 있을 배짱과 멘탈을 가진 사람이 해야 한다. 욕망의 화신이자 야망 덩어리인 동시에 팀원들의 마음을 가장 세심하게 살필 줄 아는 사람이어야 한다.

업계에는 우스갯소리로 "스타트업 대표는 전생에 나라를 팔아먹은 대역죄인"이라는 말이 있다. 웃을 수도 울 수도 없는 뼈 있는 농담이다. 전생에 무슨 죄를 지었든 간에 현세의 대표들이 짊어져야 할 왕관의 무게는 실로 엄청나다. 본인의 인생뿐만 아니라 수많은 타인의 인생을 어깨에 메고 뛰어야 하기 때문이다.

그러니 부디, 그 무게를 견딜 수 있는 사람만이 왕관을 써라. 그리고 이왕 그 가시밭길에 들어섰다면, 회사가 명예롭게 엑시트하거나 다음 주자에게 바통을 넘겨줄 때까지 제발 쓰러지지 말고 버티기를 바란다. 당신의 버팀이 누군가에게는 삶의 터전이자 희망이 되고 있음을 잊지 마라.

지식은
리더의
갑옷이다

"대표님은 부동산에 대해 아무것도 모르시잖아요, 그냥 저희가 하자는 대로 하시면 돼요."

내 인생을 바꾼 한마디였다. 스테이즈라는 부동산 O2O 플랫폼을 운영하며 오프라인 중개업까지 사업을 확장했을 때의 일이다. 유학생 시장을 공략하기 위해 경희대, 고려대, 연세대 등 주요 대학가에 직영 부동산 중개 사무소를 열고, 현장 경험이 풍부한 베테랑 공인 중개사들을 대거 채용했다. 의욕이 넘쳤고, 성과도 나쁘지 않았다. 그런데 문제는 엉뚱한 곳에서 터졌다.

현장에서 잔뼈가 굵은 일부 공인 중개사들이 IT 기반의 스타트업 문화를 이해하지 못해 갈등이 시작된 것이다. 그들은 회사의 방향성과 맞지 않는 구태의연한 방식으로 업무를 처리했고, 심지어 본사에서 파견된 어린 직원들을 대놓고 무시하기도 했다. 임원이었던 나는 각 지점을 돌며 그들을 달래기도 하고 회사의 비전을 설명하며 설득하려 애썼다. 하지만 돌아오는 대답은 늘 비수처럼 꽂혔다.

"대표님이 전에 대기업 다니신 것은 알겠는데요. 솔직히 부동산 실무는 하나도 모르시잖아요."
"현장은 달라요. 그냥 우리가 하자는 대로 놓아두는 게 도와주는 겁니다."

분하고 짜증이 치밀어 올랐지만, 반박할 수 없었다. 뼈아픈 '팩트'였기 때문이다. 나는 플랫폼 비즈니스에 대해서는 잘 알았지만 그들이 말하는 부동산 관련 지식과 전문성, 현장 경험은 전혀 없었다. 아는 것이 없으니 지시할 수 없었고, 논리가 없으니 통제할 수도 없었다. 리더가 실무를 모르면 조직의 주도권은 직원에게 넘어간다. 그날의 억울함과 무력감이 나를 책상 앞으로 이끌었다. 살면서 단 한 번도 꿈꿔 본 적 없는 공인 중개사 자격증에 도전하기로 결심한 것이다.

낮에는 스타트업 대표, 밤에는 수험생

처음에는 회사 동료들은 물론 가족에게조차 비밀로 했다. 호기롭게 시작했다가 불합격하면 그 무슨 망신인가 싶었다. 낮에는 업무 때문에 책을 펼칠 수 없으니, 모두가 잠든 시간이나 자투리 시간에 공부를 했다. 100만 원이 넘는 인터넷 강의를 결제할 여유조차 없어서, 서점에서 요약집 한 권을 사고 유튜브 무료 강의를 뒤져 가며 독학을 시작했다. 아침 7시에 출근해 업무 시작 전까지 2시간, 점심시간에는 샌드위치를 먹으며 1시간, 그리고 퇴근 후 새벽 1시까지. 나는 고시생처럼 매달렸다.

그렇게 6개월 가까이 이어진 지독한 이중생활 끝에 2017년 제27회 공인 중개사 시험에 최종 합격했다. 자격증을 손에 쥔 날, 나는 단순히 종이 한 장을 얻은 게 아니었다. 비로소 조직의 주도권을 되찾았다. 내가 공인 중개사를 취득하고 민법과 중개 실무를 논하며 업무를 지시하자 나를 무시하던 내부 공인 중개사들의 눈빛이 달라졌다. 외부 임대인이나 제휴사와 협상할 때도 말에 힘이 실렸다. 심지어 투자자들을 만날 때도 좀 더 인정받는 느낌이었다. 그때 깨달았다. 알아야 면장도 하고 이장도 한다는 옛말은 틀린 게 하나도 없다고. 스타트업 대표나 임원에게 도메인 지식은 선택이 아니라 자신의 권위와 회사를 지키는 가장 강력한 무기이자 갑옷이다.

리더의 무지는 도덕적 해이를 부른다

나의 사례처럼, 경영진이 해당 분야의 문외한일 때 벌어지는 비극은 비단 부동산 업계에만 국한되지 않는다. 기술 기반 스타트업에서 흔히 목격되는, 개발을 모르는 대표와 개발 책임자 사이의 비극이 대표적이다.

실제로 내가 목격한 어느 스타트업의 사례다. 문과 출신 대표 이사는 바로 옆자리에 앉은 CTO가 밤낮없이 키보드를 두드리는 모습에 감동했다. "우리 CTO는 정말 열정적이야. 내가 사람 하나는 잘 뽑았어"라며 칭찬을 아끼지 않았다. 하지만 이상하게도 서비스 론칭일은 차일피일 미뤄졌고, 두 달이나 늦게 나온 결과물은 기본적인 기능조차 작동하지 않는 버그투성이였다.

진실은 충격적이었다. 그 CTO는 회사의 월급을 받으며 근무 시간에 다른 회사의 외주 프로젝트를 하고 있었다. 대표가 코딩을 전혀 모른다는 점을 악용해 바로 옆자리에서 모니터에 복잡한 코드를 띄워 놓고 당당하게 딴짓을 한 것이다. 대표는 까만 화면에 영어만 가득하면 일하는 중이라고 믿었다. 눈 뜨고 코 베인 셈이다.

물론, 박봉에 시달리는 초기 스타트업 직원이 생계를 위해 투 잡을 뛰는 상황 자체를 비난하고 싶지는 않다. 하지만 그일이 본업에 치명적인 지장을 주고 회사의 생존을 위협하는 수준이라면 명백한 도덕적 해이이자 배임이다. 더 뼈아픈 사실은, 이 사태의 근본적인 원인이 직원의 양심 불량보다는 리더의 무지에 있다는 점이다. 리더가 업무의 난이도와 소요 시간을 가늠할 줄 모르면 직원은 나태해지거나 딴마음을 품기 마련이다.

스타트업 대표가 모든 분야의 전문가가 될 수는 없다. 개발, 디자인, 마케팅, 재무, 법무를 혼자 다 할 수 있다면 왜 직원을 뽑겠는가. 하지만 적어도 업무의 본질과 흐름은 꿰뚫고 있어야 한다.

개발자가 아니더라도 개발 프로세스가 어떻게 돌아가는지, 필요한 기능 구현에는 대략 며칠이 걸리는지 알아야 한다. 마케터가 아니더라도 ROAS(광고비 대비 매출액)가 뭔지, 우리 회사의 CAC(고객 획득 비용)가 적정한지는 판단할 수 있어야 한다. 그래야 직원의 고충을 이해할 수 있고,

반대로 부당한 태만에는 단호하게 대처할 수 있다.

경영은 믿음으로 하는 것이지만, 그 믿음은 앎에서 나온다. 모르면 무시당하고, 속는다. 그러니 끊임없이 공부하라. 당신이 흘린 땀과 시간만큼 리더십은 단단해질 것이다.

전략적인
팀 빌딩
설계도

"나이는 숫자에 불과하다."

이 문구는 TV 광고나 드라마 대사로 수없이 등장해 우리에게 희망을 준다. 중년 세대의 늦깎이 도전을 응원하거나, 어린 나이 때문에 못 할 것이라는 한계를 규정하지 말자는 취지에서 나온 말일 것이다. 나 역시 인간적으로 이 말에 깊이 공감한다. 도전하는 모든 이들에게 울림을 주는 명언이라 생각한다.

하지만 비즈니스라는 냉혹한 전장에서 20대에 첫 창업을 하고, 30대에 직장 생활을 거쳐, 40대에 다시 두 번째 창업을 하고, 50대에 투자자로서 다양한 경험을 해 보니, 나이가 숫자에 불과한 것은 맞지만 그 숫자가 너무나도 중요하다.

그 숫자는 당신이 가진 경험의 총량인 동시에 당신이 짊어진 책임의 무게이기 때문이다. 스타트업 신에서 나이는 무시해야 할 편견이 아니라 철저하게 계산하고 활용해야 할 전략적 자산이다.

20대의 엔진과 40대의 핸들

물론 개인차는 있겠지만 내가 현장에서 겪은 연령대별 장단점은 명확하게 갈린다. 이를 인정하고 들어가는 것이 팀 빌딩의 시작이다.

먼저 20대를 보자. 그들은 브레이크 없는 스포츠카와 같다. 실행력, 추진력, 그리고 기성세대가 흉내 낼 수 없는 창의력과 트렌드 감각을 가졌다. 무엇보다 그들에게는 실패해도 다시 일어설 수 있는 시간적 여유와 밤을 새워도 다음 날 멀쩡한 체력이 있다. 하지만 경험 부족으로 인해 욕심이 앞서 일을 그르치거나, 디테일한 리스크를 보지 못해 낭떠러지로 질주하기도 한다.

반면 40대 이상은 '노련한 선장'이다. 한 분야에서 오랫동안 산전수전을 겪으며 축적한 전문성, 노하우, 인사이트, 위기 대처 능력은 하루아침에 생기지 않는다. 조직을 관리하고 사람 다루는 법을 안다. 하지만 그들에게는 치명적인 약점이 있다. 바로 무거워진 어깨와 저질 체력이다. 집안의 가장으로서 짊어진 생계의 무게, 노후에 대한 불안감에 그들은 보수적이다. 20대가 "일단 저지르자!"라고 할 때, 40대는 '이러다 잘못되면 어쩌지?'라는 걱정이 앞서 실행을 주저한다. 그리고 체력이 예전 같지 않다. 20대에는 밤새 일을 하거나 술을 마셔도 다음 날 거뜬했는데 이제는 피로가 회복되고 술이 깨는 데 2박 3일이 걸린다.

사람에게도 '가성비'가 있다

잔인한 말처럼 들리겠지만 비즈니스 세계에서는 제품뿐만 아니라 사람에게도 가성비가 존재한다. 일반 기업에서 퇴직 연령이 점점 낮아지는 이유가 무엇이겠는가? 단순히 나이가 많아서가 아니다. 50대 부장이 30대 대리보다 월급은 2~3배 많이 받는데, 내놓는 성과의 격차가 그만큼 크지 않기 때문이다. 즉, 급여 대비 성과 효율이 떨어지는 순간 기업은 그 사람을 내보낼 명분을 찾는다.

창업자도 마찬가지다. 나이가 많을수록 더 높은 성과를 증명해야 한다. 단순히 실무를 열심히 하는 것을 넘어, 연륜에서 나오는 고도의 의사 결정과 네트워크를 통해 회사의 가치를 '레벨 업'시켜야 한다. 그래야만 창업의 성공 가능성을 높이고, 본인의 은퇴 시기를 스스로 결정할 수 있다.

최강의 팀은 세대 융합에서 나온다

그렇다면 스타트업은 어떤 팀을 꾸려야 할까? 많은 초기 창업자가 범하는 실수가 바로 동질성의 함정에 빠지는 것이다. 말이 잘 통하고 편하다는 이유로 또래 친구들끼리만 팀을 꾸리거나, 요즘 애들은 못 믿겠다며 아는 형님, 동생으로만 임원진을 채운다.

하지만 내가 수많은 스타트업의 흥망성쇠를 지켜본 결과, 2030으로만 구성된 팀이나 4050으로만 채워진 팀보다 연령대가 적절하게 섞인 하이브리드 팀이 압도적인 시너지를 냈다.

상상해 보라. 20대 신입 사원이 인터넷을 뒤지고 메일을 보내며 100군데를 찾아다녀도 뚫지 못한 영업처를 40대 임원이 그동안 쌓아 온 인맥을 통해 전화 한 통으로 해결하는 경우가 비일비재하다. 반대로 40대들이 회의실에 모여 "이건 기술적으로 어려워", "규제가 복잡해"라며 머뭇거릴 때 20대 직원이 최신 AI 툴을 활용해 밤새 뚝딱 프로토타입을 만들어 와서 "일단 해 봤는데 되는데요"라고 판을 뒤집는 경우도 허다하다.

40대 리더가 숲을 보고 방향을 잡으면 2030 팀원들은 그 방향을 향해 거침없이 "돌격 앞으로"를 외쳐야 한다. 반대로 40대는 2030의 통통 튀는 기획안이 현실화될 수 있도록 자금과 리스크를 관리하며 탄탄한 도로를 깔아 줘야 한다.

그러니 창업자여, 당신의 팀을 둘러보라. 혹시 너무 편한 사람들, 나와 나이와 생각이 비슷한 사람들로만 채워져 있지 않은가? 다양한 세대가 섞여 있을 때 발생하는 불편함을 즐겨라. 그 긴장감과 상호 보완적인 역량이 당신의 회사를 그 어느 곳보다 빠르고 단단하게 성장시킬 것이다.

동료는
친구가 아니라
전우다

2014년, 창업이라는 거친 바다에 뛰어든 이후 나는 수많은 사람을 채용하고 또 떠나보냈다. 회사가 잘될 때에는 직원이 100명 넘게 불어났다가, 자금난이라는 폭풍을 만나 절반의 동료를 내보내는 뼈아픈 구조 조정의 시간도 겪었다. 회사의 상황 때문이든 개인의 비전 때문이든 수많은 만남과 헤어짐을 반복했으니 이제는 이별에 무뎌질 법도 하건만, 솔직히 고백하건대 누군가와 헤어지는 일은 여전히, 그리고 매번 아프다.

한 사람 한 사람이 모두 소중한 인연이지만, 특히 회사가 가장 어렵고 힘들었던 죽음의 계곡을 함께 건너 준 동료들이 퇴사할 때의 감정은 말로 다 설명하기 어렵다. 미안함과 고마움, 그리고 조금만 더 버티면 진짜 좋은 날이 올 텐데 그 과실을 함께 나누지 못해 안타깝다는 진한 아쉬움이 뒤섞여 며칠 밤을 설치고는 한다.

동료를 넘어선 전우의 무게

스타트업에서 '동료'라는 단어의 무게감은 대기업이나 일반 직장에서의 그 것과는 차원이 다르다. 일반 직장에서의 동료가 태평성대에 만나 좋은 시절을 함께 보내는 친구 같은 느낌이라면, 스타트업의 동료는 포탄이 빗발치는 참호 속에서 서로의 등을 지켜 주는 전우 같은 느낌이다.

스타트업에서는 매일 생존이라는 전쟁을 치르고 실패를 경험한다. 그 과정에서 동료들과 기쁨보다는 고통을 더 자주 공유하게 된다. '동고동락同苦同樂'이라는 말 그대로 괴로움을 함께 나누며 쌓인 유대감은 피를 나눈 형제보다 진할 때가 있다. 수많은 지원자 중에 옥석을 가려 뽑고 서로의 바닥까지 보여 가며 호흡을 맞추다 보면 어느새 그들은 남이 아닌 식구가 된다. 실제로 스타트업 초기 멤버들은 하루에 10~12시간씩 붙어 지내니 물리적으로도 가족보다 더 많은 시간을 함께 보내는 셈이다.

물론 나는 가족 같은 회사를 지향하지는 않는다. 냉정하게 말해 회사는 이익 집단이지 혈연 집단이 아니기 때문이다. 공과 사가 모호해지고 서로에게 무리한 희생을 강요하는 가족 같은 문화보다는, 각자의 포지션에서 최고의 퍼포먼스를 내며 우승을 향해 달려가는 프로 야구 구단 같은 조직 문화를 선호한다. 일하는 방식은 프로답되, 서로를 대하는 마음의 깊이만큼은 전우애로 똘똘 뭉쳐야 한다는 뜻이다.

떠나는 사람의 뒷모습이 아름다워야 한다

스타트업은 사람이 전부인 조직이다. 시스템으로 돌아가는 대기업과 달리 스타트업에서는 한 명의 핵심 인재가 빠져나가면 조직 전체가 휘청거린다. 좋은 사람이 떠나면 당장 업무에 구멍이 뚫리며 타격을 받기도 하지만, 더 무서운 것은 남은 사람들에게 전염되는 정서적 우울감이다. 특히 조직의 허리 역할을 하던 리더나 임원급이 퇴사할 때, 그를 따르던 팀원들이 도미노처럼 줄퇴사하는 경우를 숱하게 목격했다.

어떤 화장품 광고에서 화장은 하는 것보다 지우는 것이 더 중요하다고 했는데, 같은 맥락으로 사람은 채용보다 채용 이후가 더 중요하다. 어쩔 수 없이 떠나는 사람은 적으로 돌리지 말고 최대한 예우를 갖춰 보내 줘야 한다. 오늘의 퇴사자가 내일의 클라이언트가 될 수도, 혹은 훗날 더 성장해서 돌아와 파트너가 될 수도 있다. 떠나는 사람의 뒷모습이 아름다워야 남은 사람들도 회사를 신뢰하고 다시 전의를 불태울 수 있다.

최고의 복지는 안마 의자가 아니라 성공이다

대부분의 초기 스타트업에는 전문적인 인사 팀이 없다. 경험 많은 리더도 부족하다. 그러다 보니 조직 관리나 인력 케어가 주먹구구식으로 이뤄지는 경우가 태반이다. 결국 이 짐은 오롯이 경영진, 즉 대표 이사가 짊어진다. 정신 바짝 차려야 한다. 제품을 만드는 것뿐 아니라 조직을 만드는 것도 당신의 핵심 업무다.

직원들에 대한 배려, 공감 능력, 납득할 수 있는 투명한 의사 결정, 그리고 개인의 성장을 돕는 복지 제도는 기본이다. 하지만 경영진이 줄 수 있는 가장 큰 선물, 그리고 인재를 지키는 가장 강력한 무기는 따로 있다. 바로 회사의 성공이다.

직원들이 명절에 고향에 내려가거나 친구들을 만났을 때, "너 어디 다녀?"라는 질문에 회사 이름을 댔을 때 "우와! 너 진짜 대단하다!"라는 반응을 듣게 해 주는 것. 가족과 지인들에게 '듣보잡' 회사에 다닌다는 소리를 듣지 않게 해 주는 것. 그들이 '내가 이 회사의 창업 멤버야'라는 자부심을 가질 수 있게 만드는 것. 그것이 리더가 해 줄 수 있는 최고의 복지이자 의무다.

회사가 성장하고 있다는 확실한 시그널을 보여 줄 때 직원들은 불안해하지 않고 안정감을 느끼며 일에 몰입한다. 개인의 자존감을 높여 주는 회사라면 쉽게 떠나지 않는다.

전쟁터는 여전히 시끄럽고, 우리는 내일도 힘겨운 싸움을 이어 가야 한다. 떠난 전우의 빈자리를 보면 아프지만 그 자리를 메우고 앞으로 나아가야 한다. 당신 옆에 있는 동료를 돌아보라. 그들은 당신의 꿈을 위해, 그리고 자신의 미래를 위해 기꺼이 진흙탕을 구르고 있는 고마운 사람들이다.

리더인 당신이 먼저 다가가라. 거창한 말은 필요 없다. 내일 아침, 출근하는 동료들과 눈을 맞추고 힘차게 하이파이브 한번 하면 된다.

'오늘도 함께 일해 줘서, 함께 싸워 줘서 고맙다.'

그 무언의 전우애가 우리를 다시 뛰게 할 것이다.

매력적인
보상 설계
기술

2005년 개봉한 영화 〈웰컴 투 동막골〉에는 리더십의 본질을 꿰뚫는 명장면이 나온다. 카리스마 넘치는 북한군 장교가 촌장에게 묻는다.

"고함 한번 지르지 않고 이 많은 부락민을 휘어잡는 위대한 영도력의 비밀이 뭐유?"

그러자 촌장은 세상 덤덤한 표정으로 툭 내뱉는다.

"뭐를 마니 맥여야지, 뭐."

이 대사는 20년이 지난 지금도 수많은 경영자 사이에서 촌철살인의 명언으로 회자된다. 결국 조직을 움직이는 힘은 구성원들의 배를 채워 주는 것, 즉 보상에서 나온다는 진리다.

하지만 스타트업은 늘 배고프다. 창업 후 2~3년까지는 매출이 없는 경우가 허다하고 투자를 받아도 늘 자금이 부족하다. 대표 본인도 최저 시급을 받아 가며 버티는 마당에 대기업처럼 두둑한 연봉을 줄 여력 따위는 없다. 그런데 아이러니하게도 그 누구보다 뛰어난 S급 인재를 데려와야만 생존할 수 있다. 돈은 없는데 최고의 인재를 모아야 하는 이 모순적인 상황, 도대체 어떻게 풀어야 할까?

돈으로 살 수 없는 사람을 노려라

해답은 의외로 심플하다. 자금이 부족하다면, 돈이 아닌 가치로 승부해야 한다. 만약 어떤 지원자가 100퍼센트 연봉 액수에만 움직이는 사람이라면 과감히 포기해도 좋다. 어차피 그는 다른 회사에서 연봉을 10퍼센트만 더 줘도 미련 없이 떠날 사람이기 때문이다. 우리가 찾아야 할 인재는 적절한 급여 위에서 성취감, 성장, 자율성이라는 비금전적 가치에 반응하는 사람들이다.

스타트업의 보상 설계는 금전적 보상과 비금전적 보상이 씨줄과 날줄처럼 촘촘하게 엮여 있어야 한다. 돈은 부족해도 마음은 풍요로운 회사, 그것이 초기 스타트업이 지향해야 할 HR 전략이다.

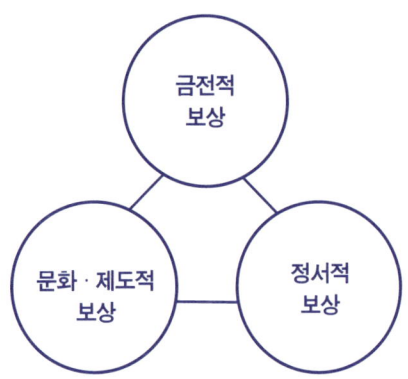

금전적 보상은 심플해야 한다

돈이 전부는 아니지만 기본은 해야 한다. 초기 스타트업이 줄 수 있는 금전적 보상의 핵심은 단순함과 미래 가치에 대한 공유다.

영업 직군의 인센티브 제도를 복잡하게 꼬아 놓는 회사들이 많은데, 이는 최악이다. "내가 차 한 대 팔면 100만 원 받는다"처럼 직관적이어야 동기 부여가 된다. 또한, C레벨 임원이나 핵심 인재를 영입할 때는 현재의 현금 부족분을 지분이나 스톡옵션으로 메워야 한다. "지금은 연봉을 3천만 원밖에 못 주지만, 3년 뒤 상장하면 당신의 지분 가치는 30억 원이 될 것"이라는 구체적인 비전을 숫자와 함께 제시할 수 있어야 한다.

소소하지만 확실한 챙김도 중요하다. 야근 식대, 늦은 퇴근 시 택시비 지원, 경조사비 같은 작지만 세심한 현금성 복지는 직원들에게 회사가 나를 아끼고 있다는 시그널을 준다.

문화·제도적 보상으로 마음을 훔칠 수 있다

초기 스타트업이 대기업을 이길 수 있는 유일한 부분은 바로 조직 문화다. 2026년의 밀레니얼과 Z세대는 높은 연봉만큼이나 워라밸과 수평적인 소통, 그리고 개인의 성장을 중요하게 여긴다.

구글처럼 호화로운 구내식당이나 수면실을 만들 수는 없다. 하지만 돈을 들이지 않고도 할 수 있는 것들은 무궁무진하다.

- 유연 근무제: '10시 출근, 7시 퇴근' 혹은 '코어 타임(오후 1~4시)만 지키면 자율 출퇴근' 같은 제도는 직원들에게 시간의 주도권을 돌려준다.
- 오아시스 제도: 경험상 가장 인기 있었던 제도다. 월 1회, 상사 결재 없이 2시간 늦게 출근하거나 일찍 퇴근할 수 있는 '묻지 마 반차' 같은 개념이다. 은행 업무를 보거나, 전날 과음으로 힘들 때 눈치 보지 않고 쓸 수 있어 만족도가 높았다.
- 리프레시 휴가: 3년 또는 5년 근속 시 2주~4주 유급 휴가 제도는 당장의 현금 지출 없이도 장기 근속을 유도하는 강력한 당근이다.
- 성장 지원: 업무 관련 도서 무제한 구매, 온라인 강의 수강권 지원 등은 회사가 너의 성장을 응원한다는 메시지를 준다.

우아한형제들의 월요일 오후 출근, 토스의 금요일 조기 퇴근, 집닥의 부모님 용돈 통장 등 성공한 스타트업들의 기발한 복지 제도를 벤치마킹해 우리 회사만의 색깔을 입혀 보자. 돈이 없지, 아이디어가 없는 건 아니지 않은가.

정서적 보상은 직원을 춤추게 한다

인간은 누구나 인정받고 싶은 욕구를 가지고 있다. 생존(월급)이 해결되면, 그다음은 존중과 자아 실현이다. 놀랍게도 많은 리더가 돈 한 푼 안 드는 칭찬과 인정에 인색하다. 어려운 프로젝트를 끝낸 직원에게 전체 메일로 공개적인 감사를 표하거나, 타운홀 미팅에서 "이번 성과는 ○○ 님 덕분입니다"라고 박수쳐 주는 것. 이 사소한 행동이 직원들의 애사심을 고취시킨다.

명함에 '책임' 대신 '프로'나 '매니저' 같은 수평적 호칭을 달아 주는 것, 중요한 의사 결정 과정에 참여시켜 임파워먼트(권한 위임)를 주는 것도 훌륭한 정서적 보상이다. "당신은 우리 회사의 부품이 아니라 엔진입니다"라고 느끼게 하는 것이 스타트업이 줄 수 있는 최고의 보너스다.

결론적으로, 스타트업의 보상 제도는 종합 선물 세트여야 한다. 부족한 연봉은 스톡옵션이라는 미래의 꿈으로 채우고, 열악한 환경은 자율적인 문화와 성장 기회로 덮고, 힘든 업무 강도는 따뜻한 인정과 칭찬으로 위로해야 한다.

"돈 많이 줄 테니 시키는 대로 해"가 아니라, "아직 돈은 많이 못 주지만, 우리가 함께 성장해서 그 과실을 크게 나누자"라고 설득할 수 있는 진정성 있는 시스템. 그것이 바로 '위대한 영도력'의 비밀이다.

4장

스타트업 도약 계획 세우기

START UP

START UP
START UP
START UP
START UP

지속 가능한 수익 구조 만드는 법

개인 사업자
VS
법인 사업자

　창업자 D 씨는 처음 사업자 등록을 할 때의 고민을 아직도 잊지 못한다. 개인 사업자로 시작할지, 법인 사업자로 시작할지를 먼저 창업한 주변 선배들에게 물었더니 하나같이 "처음에는 매출도 없는데 그냥 개인 사업자로 해. 돈 쓰기도 편하고 세금 신고도 간단해"라고 조언했다. 그 말이 달콤하게 들려 D 씨는 개인 사업자로 사업을 시작했다.

　확실히 편했다. 기존에 쓰던 신용 카드를 마음대로 써도 누가 뭐라 하지 않았고, 부가세 신고도 간편했다. 하지만 진짜 문제는 회사가 성장하고 나서 터졌다. 사용자가 조금씩 늘어나고 성장의 가능성이 보이자 투자를 받기 위해 벤처 캐피털을 만나러 다닐 때였다. 투자 심사 역들은 D 씨의 아이템에 관심을 드러내다가도 사업자 등록증을 보는 순간 난색을 보였다.

"대표님, 저희는 개인 사업자에게는 투자할 수 없습니다. 투자를 받으시려면 법인으로 전환하셔야 합니다."

그제야 부랴부랴 법인 전환을 알아보니 너무도 복잡하고 어려운 절차를 거쳐야 했다. 단순히 서류 몇 장 바꾸는 게 아니었다. 개인 사업자의 영업권을 평가해야 하고, 포괄 양수도 계약을 맺어야 했으며, 그 과정에서 발생하는 양도 소득세 문제까지 복잡하기 그지없었다. 게다가 개인 통장과 사업 통장을 섞어 쓴 탓에 자금 흐름이 불투명하다는 지적까지 받으며 기업 가치를 제대로 평가받지 못했다.

'이럴 줄 알았으면 처음부터 법인으로 할걸······.'

작은 편리함을 선택했다가 큰 기회를 놓칠 뻔한 D 씨의 뼈저린 후회다.

자영업을 할 것인가, 스타트업을 할 것인가?

창업의 세계에 들어서는 순간 당신은 선택해야 한다. 동네에서 카페나 프랜차이즈 같은 생계형 자영업 또는 소상공인을 할 것인가, 아니면 투자를 유치하고 스케일업해 세상을 바꾸는 혁신형 스타트업을 할 것인가?

만약 전자라면 개인 사업자가 유리할 수 있다. 하지만 당신의 목표가 투자를 받고 매각을 하는 것이거나 IPO거나 유니콘 기업이라면 선택지는 없다. 무조건 법인 사업자, 그중에서도 주식회사로 시작해야 한다.

왜 스타트업은 법인이어야 하는가?

① 투자의 문이 열린다

투자자는 대표 개인에게 돈을 빌려주는 사람이 아니다. 회사의 지분을 사고 주주가 되는 사람이다. 개인 사업자는 지분이라는 개념 자체가 없다. 따라서 엔젤 투자자나 벤처 캐피털이 투자를 집행하려면 주식을 발행할 수 있는 주식회사 형태여야 한다. 정부의 창업 지원금이나 R&D 과제 역시 법인 사업자를 우대하거나 법인만 지원 가능한 경우가 대부분이다.

② 리스크로부터 당신을 보호한다

개인 사업자의 가장 무서운 점은 무한 책임이다. 사업하다 빚을 지면 대표가 집을 팔고 차를 팔아서라도 갚아야 한다. 반면, 주식회사는 유한 책임이다. 주주는 자신이 출자한 자본금 한도 내에서만 책임을 진다. 실패 확률이 높은 스타트업이라는 모험을 하면서, 당신의 모든 인생과 가족의 생계까지 담보로 잡힐 수는 없지 않은가. 법인은 창업자를 보호하는 최소한의 안전장치다.

③ 세금과 투명성에서 유리하다

매출이 적을 때는 개인이 유리해 보이지만 이익이 커질수록 상황은 역전

된다. 대한민국 소득세법상 개인은 최대 45퍼센트(지방세 포함 49.5퍼센트)의 세금을 내야 하지만, 법인세는 최고 구간이라도 24퍼센트(지방세 포함 26.4퍼센트) 수준이다. 또한 법인은 대표라 할지라도 회사 돈을 마음대로 쓰면 횡령이다. 이 엄격한 자금 관리가 당장은 불편해 보여도, 외부 투자자들에게는 회사가 투명하게 운영되고 있다는 신뢰의 증거가 된다.

유한 회사 vs 주식회사, 스타트업의 선택은?

법인에도 여러 종류가 있다. 구글코리아, 애플코리아, 샤넬코리아 같은 외국계 기업이나 명품 브랜드들은 주로 유한 회사를 택한다. 유한 회사는 외부 감사나 공시 의무가 없어 폐쇄적이고 은밀한 경영이 가능하기 때문이다. 이미 돈이 많아 외부 투자가 필요 없는 그들에게는 최적의 형태다.

하지만 투자가 절실한 스타트업은 반드시 주식회사여야 한다. 유한 회사는 지분 양도가 자유롭지 않고 사채 발행도 불가능해 벤처 캐피털이 투자를 꺼린다. 엑시트 수단인 M&A나 IPO를 위해서도 주식회사가 표준이다.

100만 원으로 만드는 내 회사

"법인 설립은 어렵고 돈이 많이 들지 않나요?"

이것은 옛날이야기다. 과거에는 최소 자본금 5,000만 원 규정이 있었지만, 지금은 상법이 개정돼 이론상 자본금 100원으로도 법인을 만들 수 있다. (물론 실무적으로는 사업자 등록 등을 고려해 최소 100만 원 이상을 권장한다.)

절차도 간소화됐다. 비싼 수수료를 주고 법무사를 찾아가지 않아도 된다. 중소벤처기업부에서 운영하는 '온라인 법인 설립 시스템Start-Biz'을 이용하면 집에서 인터넷으로 정관 작성부터 등기까지 원스톱으로 처리할 수 있다.

처음에는 법인이 불편하다. 내 돈을 내 마음대로 못 쓰고, 매달 세무 기장료도 나가고, 등기를 변경할 일도 많다. 하지만 그 불편함이 바로 시스템이다. 그 시스템을 갖춰야 큰돈이 들어올 수 있고, 큰 인재를 담을 수 있다.

작은 구멍가게로 남고 싶다면 편한 길로 가라. 하지만 위대한 기업을 꿈꾼다면 처음부터 그에 걸맞은 그릇인 주식회사라는 옷을 입고 시작하라. 나중에 옷을 갈아입는 데는 너무 많은 비용과 시간이 든다.

	개인 사업자	법인 사업자(주식회사)
설립 절차	세무서에 사업자 등록	법원에 설립 등기 후 세무서에 사업자 등록
책임 소재	대표자의 무한 책임	출자 한도 내에서만 책임
의사 결정	대표자가 모든 것을 결정	이사회, 주주 총회 등 상법상 기관에서 결정
이익 배분	대표자에게 귀속	법인에 귀속, 주주에게는 배당
자금 인출	개인 명의 통장에서 자유롭게 인출 가능	법인 명의 통장 개설 필요,임의 인출 불가 (임의 인출 시 업무상 배임, 횡령 혐의)
세금 납부	소득세, 부가 가치세	법인세, 부가 가치세
자금 조달	외부 자금 조달 어려움	구주, 신주, 사채 발행 등을 통해 자금 조달 용이
기타	자영업자에게 적합	스타트업, 중소기업에 적합

개인 사업자 VS 법인 사업자

초기 자본금은
100원이 좋을까? 1억이 좋을까?

법인을 설립하기로 마음먹었다면 당장 등기부 등본에 적어 낼 자본금 액수부터 정해야 한다. 상법이 개정돼 이론상으로는 자본금 100원으로도 법인을 만들 수 있다. 그렇다면 정말 100원으로 회사를 만드는 게 유리할까, 아니면 폼 나게 1억 원 정도는 넣어야 할까? 정답은 '너무 적어도 문제, 너무 많아도 손해'다. 스타트업에 가장 유리한 자본금 설정 전략을 공개한다.

100원 설립의 함정: 사업자 등록이 거절될 수 있다

100원짜리 법인은 서류상으로만 존재할 뿐 현실 세계에서는 불가능에 가깝다. 법인 설립 등기가 완료되더라도 관할 세무서에 가서 사업자 등록증을 발급받아야 진짜 사업을 시작할 수 있다. 이때 세무 공무원은 '이 회사가 정말 사업을 영위할 능력이 있는가?'를 심사한다. 만약 보증금 2,000만 원짜리 사무실을 얻었는데 자본금이 100원이라면? 혹은 제조업을 한다면서 자본금이 100만 원뿐이라면? 세무서는 이를 유령 회사로 의심해 사업자 등록을 거부할 확률이 매우 높다. 따라서 최소한의 초기 운영비와 임대차 보증금 등을 고려해 자본금을 설정해야 한다.

가장 추천하는 구간은 100만 원~1,000만 원

일반적인 IT 기반의 플랫폼, 소프트웨어 스타트업이라면 초기 자본금은 100만 원에서 1,000만 원 사이를 가장 추천한다. 이유는 3가지다.

- 설립 비용 절감: 법인 설립 시 국가에 내는 세금(등록 면허세)이 있다. 수도권 과밀 억제 권역 기준으로 자본금 2,800만 원 이하까지는 세금이 동일하다(기본료 약 13만 5,000원). 굳이 처음부터 큰돈을 넣어 세금을 더 낼 필요가 없다.
- 투자 유치의 편의성: 초기 자본금이 너무 크면 나중에 투자자가 들어올 때 지분율 계산이 복잡해진다. 자본금이 작아야 투자자가 적은 금액을 투자해도 유의미한 지분을 가져갈 수 있고, 창업자 입장에서도 경영권을 방어하며 후속 투자를 유치하기 수월하다.
- 가벼운 시작: 요즘 스타트업은 린lean하게 시작한다. 처음부터 내 돈

5,000만 원, 1억 원을 법인 통장에 묶어 둘 필요가 없다. 부족하면 그때 그때 대표가 회사에 돈을 빌려주는(가수금) 형태로 운영하다가, 나중에 투자를 받거나 매출이 생기면 갚는 방식이 현금 유동성 측면에서 유리하다.

액면가의 마법: 5,000원이 아니라 100원으로!

자본금 총액만큼이나 중요한 것이 1주당 액면가다. 예전에는 1주당 5,000원이 '국룰'이었지만, 스타트업은 100원 혹은 500원으로 설정하는 것이 대세다. 이유는 주식의 수를 늘리기 위해서다. 자본금이 1,000만 원일 때, 액면가가 5,000원이면 주식 수는 고작 2,000주다. 공동 창업자 세 명이 나누고 나중에 스톡옵션까지 주려면 주식 수가 너무 적어 쪼개기가 힘들다. 하지만 액면가를 500원으로 설정하면 주식 수는 2만 주가 되고, 100원으로 설정하면 10만 주가 된다. 주식 수가 많아야 지분을 0.1퍼센트 단위까지 섬세하게 설계할 수 있고, 나중에 스톡옵션을 받는 직원들도 "10주 줄게"보다는 "1,000주 줄게"라는 말을 들어야 심리적 만족감이 훨씬 크다.

지분은
권력이자
책임이다

대기업에서 잘나가는 개발자였던 C 씨는 세상을 바꾸고 큰돈을 벌어 보자는 대학 선배의 달콤한 제안에 넘어가 스타트업에 합류했다. 선배는 대표 이사를 맡으며 "적지 않은 지분을 챙겨 줄 테니 믿고 따라와라"라고 호언장담했다. C 씨는 그 말만 믿고 고액 연봉을 포기한 채 합류했다. 하지만 회사가 설립되고 몇 달이 지나도 주주 명부에 이름이 실리지 않았다. 불안한 마음에 "선배, 제 지분은 언제 주실건가요?"라고 물으면 선배는 정색하며 답했다.

"야, 너 나 못 믿냐? 지금 투자 유치 때문에 정신없는데 좀 기다려라. 너 돈 밝히는 애였냐?"

C 씨는 억울하다. 돈을 밝히는 게 아니라 자기 권리를 찾고 싶은 것인데, 자꾸 속물 취급을 받으니 말도 못 꺼내고 속만 끓는다.

스타트업 신에서 너무나 흔한 상황이다. 사람은 누구나 돈이나 지분 같은 불편한 이야기를 뒤로 미루고 싶어 하는 본능이 있다. "우리는 친구니까", "좋은 게 좋은 거니까"라며 어물쩍 넘어가지만, 이것은 시한폭탄을 안고 달리는 상황이다.

지분 관계가 명확하지 않은 채로 회사가 망하면 망해서 싸우고, 잘되면 내가 더 가져가야 한다며 욕심을 부리다 소송까지 간다. 심지어 몰래 쓴 이면 계약서 때문에 나중에 투자가 무산되기도 한다. 기억하라. 이해관계가 얽힌 불편한 이야기일수록 창업 첫날, 가장 매끄럽고 명확하게 문서(주주 간 계약서)로 박제해 둬야 한다.

스타트업에서 지분의 의미는 단순한 돈이 아니다

많은 초보 창업가가 지분을 단순히 나중에 회사가 팔릴 때 받을 돈으로만 생각한다. 물론 맞다. 지분 20퍼센트를 가지고 있는데 회사가 100억 원에 매각되면 20억 원을 버는 것이다. 하지만 스타트업 초기 단계에서 배당금은 없다고 보는 게 맞다. 이익이 나도 재투자하기 바쁘기 때문이다.

그렇다면 지분의 진짜 의미는 무엇인가? 바로 의사 결정권이다. 주식회사는 철저하게 지분율에 따라 목소리 크기가 결정되는 자본 민주주의 사회다. 지분율이 높다는 것은 회사의 핸들을 쥐고 있다는 뜻이고, 지분율이 낮다는 것은 조수석이나 뒷좌석에 앉아 있다는 뜻이다.

대표 이사의 지분이 높아야 하는 이유

상법상 주주 총회 결의 요건을 보면 왜 대표 이사에게 지분을 몰아줘야 하는지 알 수 있다.

- 50퍼센트 + 1주(과반수): 이 선을 넘기면 '보통 결의'를 단독으로 처리할 수 있다. 이사나 감사를 선임하고, 재무제표를 승인하며, 이익 배당을 결정하는 등 회사의 일상적인 경영 활동을 통제할 수 있는 권한이다. 대표가 과반 지분이 없으면 내 뜻대로 임원을 뽑을 수도, 해임할 수도 없다.
- 67퍼센트(3분의 2): 이 선은 '특별 결의'의 기준이다. 정관을 변경하거나, 회사를 다른 곳에 팔거나, 스톡옵션을 부여하거나, 회사를 해산하는 등의 중대사를 결정할 수 있다. 즉, 67퍼센트 이상의 지분을 가진 대표는 회사의 운명을 좌지우지하는 절대 반지를 낀 셈이다.

지분율	행사 가능한 통제력
3%	위법 행위 감시 및 통제
25%	단독 출석 시 보통 결의 사항 통과 가능
33%	단독 출석 시 특별 결의 사항 통과 가능
50% + 1주	보통 결의 사항 통과 가능
67%	특별 결의 사항 통과 가능
100%	1인 회사

지분율에 따른 행사 가능한 통제력

벤처 캐피털이 싫어하는 최악의 지분 구조

투자자들은 회사의 성장 가능성만큼이나 지분 구조의 안정성을 꼼꼼하게 따진다. 다음은 벤처 캐피털이 투자를 꺼리는 대표적인 나쁜 지분 구조다.

- 대표 이사 지분이 너무 낮은 경우: 대표가 지분이 10~20퍼센트밖에 안 된다면 투자자는 불안하다. 대표가 언제든 쫓겨날 수 있고(경영권 불안), '내 회사'라는 주인의식이 약해 조금만 힘들어도 포기할 수 있기 때문이다.
- N분의 1(50:50, 33:33:33): 친구끼리 창업할 때 가장 많이 하는 실수다. 공평하게 나누면 겉으로 보기에는 아름답지만 실제로는 최악이다. 의견 대립이 생기면 회사는 아무 결정도 못 하고 멈춰 버린다. 누군가는 51퍼센트를 가져서라도 최종 결정권을 가져야 한다.
- 죽은 지분이 많은 경우: 창업 초기에 돈 좀 보태 줬다는 이유로, 지금은 아무 일도 안 하는 지인이나 친척이 지분 30퍼센트를 가지고 있다면 피땀 흘려 일하는 직원들에게 나눠 줄 몫이 줄어든다. 투자자들은 일하지 않는 자가 많은 지분을 가진 회사를 극도로 싫어한다.

지분은 과거의 공로가 아니라 미래의 기여에 대한 약속이다

공동 창업자끼리 지분을 나눌 때 "내가 아이디어 냈으니까 70퍼센트", "내가 돈 냈으니까 50퍼센트"라는 식으로 과거의 기여도만 따지면 곤란하다. '앞으로 누가 더 리스크를 짊어지고, 누가 더 회사를 위해 헌신할 것인가?'를 기준으로 배분해야 한다.

　대표 이사는 무한 책임을 지고 투자를 유치하고 비바람을 맞아야 하기에 가장 많은 지분을 갖는 것이 정당하다. 대신 공동 창업자에게는 그들의 헌신을 보상할 수 있는 충분한 양(보통 10~30퍼센트 사이, 상황에 따라 다름)을 보장하고, 이를 주주 간 계약서에 명시해야 한다.

　지분을 나누는 작업이 불편하거나 두렵다고 피하지 마라. 조금 얼굴 붉히고 논쟁을 하더라도 시작할 때 확실하게 정리하는 것이, 나중에 회사가 100억 원, 1,000억 원이 됐을 때 서로의 멱살을 잡지 않는 유일한 길이다.

지분을
나누는
가장 현명한 방법

스타트업 창업자들이 가장 골머리를 앓는 순간이자, 의기투합했던 팀이 가장 많이 깨지는 순간. 바로 지분을 나누는 시간이다.

이 예민한 숫자를 두고 실리콘밸리와 한국의 시각은 흥미로울 정도로 엇갈린다. 결론부터 말하자면, '어디서 창업하고 누구에게 투자를 받을 것인가?'에 따라 정답은 달라진다.

공동의 노력, 공동의 보상

에어비앤비, 드롭박스 등을 키워 낸 세계 최고의 스타트업 액셀러레이터와이콤비네이터는 창업 초기 지분 분배에 대해 아주 명확한 철학을 가지고 있었다.

'공동 창업자라면 지분을 N분의 1로 똑같이 나눠라.'

그들의 논리는 심플하고 합리적이다. 스타트업의 성공은 과거의 아이디어가 아니라 앞으로 5년, 10년 동안 함께 쏟아부을 미래의 땀에 달려 있다는 것이다. 그런데 시작부터 누구는 60퍼센트, 누구는 10퍼센트를 가져간다면 적게 받은 사람은 동기 부여가 떨어지고, "내가 뼈 빠지게 일해서 저 형만 부자 만들어 주는 거 아니야?"라는 불만이 싹틀 수밖에 없다. 실제로 실리콘밸리의 성공한 많은 기업이 초기에는 50:50, 33:33:33 같은 균등 분배로 시작했다. 이는 서로를 동등한 파트너로 인정하는 미국식 합리주의 문화가 반영된 결과다.

한국 벤처 캐피털의 현실, 선장은 한 명이다

반면, 한국의 벤처 캐피털에 근무하는 심사 역들을 만나 보면 분위기가 180도 다르다. 내가 만나 본 국내 투자자의 90퍼센트 이상은 대표 이사의 압도적인 지분을 선호했다. 그들이 5:5 비율을 보며 불안해하는 이유는 크게 두 가지다.

첫째, 배가 산으로 가는 일이 무서워서다. 지분이 5:5로 같으면 의견이 충돌했을 때 결론을 내릴 수 없다. 치열한 전장에서 "우리 다수결로 정할까?"라거나 "네가 동의 안 하면 못 해"라며 시간을 끌면 회사는 망한다. 누군가가 총대를 메고 "내 책임하에 강행한다!"라고 외칠 수 있는 결정권자가 필요하다.

둘째, 경영권 방어와 지분 희석 때문이다. 스타트업은 투자를 받을 때마다 신주를 발행하므로 기존 주주의 지분율은 계속 희석돼 떨어지게 된다. 투자 규모가 커질 수록 대표 지분은 50퍼센트에서 30퍼센트, 10퍼센트대로 뚝뚝 떨어진다. 그런데 처음부터 지분이 낮았다면 나중에는 대표가 쫓겨나거나, '내 회사가 아니다'라는 생각에 주인의식을 잃을 수 있다. 한국의 투자 환경에서는 대표 이사가 확고한 최대 주주로 버티고 있어야 안심하고 투자를 할 수 있다.

쿠데타를 부르는 위험한 비율, 40:30:30

지분을 나누는 데 있어서 초보 창업자들이 가장 많이 범하는 실수가 있다. 서로 양보하고 배려하면서 어설프게 나누는 것이다. 대표적인 예가 세 명이 창업할 때의 40:30:30 구조다.

얼핏 보면 대표가 가장 많으니 안전해 보인다. 하지만 회사를 경영하기에 매우 위험한 구조다. 왜냐하면 2대 주주와 3대 주주가 손을 잡으면 60퍼센트가 돼 언제든 대표 이사를 해임할 수 있기 때문이다. 국가대표 축구 팀의 4-3-3 전술도 아니고, 이 지분율은 언제든 사내 정치와 쿠데타가 일어날 수 있는 화약고와 같다.

황금 비율은 존재하는가?

지분을 나눌 때 절대적인 정답은 없지만, 국내에서 창업하고 투자를 받을 계획이라면 다음의 원칙을 기억하는 것이 현명하다.

첫째, 대표 이사는 압도적이어야 한다. 단순히 1등이 아니라, 2등과 3등의 지분을 합쳐도 대표를 이길 수 없는 구조가 가장 안전하다. (예: 60:20:20, 70:30 등)

둘째, 50:50은 피해라. 둘이 창업한다면 차라리 51:49, 혹은 60:40으로 나눠라. 단 1퍼센트라도 차이를 둬 최종 의사 결정권자가 누구인지 명확히 해야 한다.

셋째, 주주 간 계약서는 필수다. 비율이 불만이라면, "대표가 지분을 많이 갖되, 엑시트를 할 때는 수익을 N분의 1로 나눈다" 같은 별도의 안전장치를 계약서에 명시하면 된다.

지분은 권력이자 책임이다. 좋은 게 좋은 거라고 대충 나눴다가는, 회사가 잘되는 순간에 공동 창업자를 잃고 회사를 뺏길 수도 있음을 명심해야 한다.

주주 간
계약서의
모든 것

국내 굴지의 대형 게임 회사에서 실제로 있었던 일이다. 대학 선후배 몇 명이 의기투합해 창업을 했다.

"우리 같이 대박 한번 터뜨려 보자!"

도원결의를 맺고 지분도 사이좋게 나눠 가졌다. 하지만 열정은 오래가지 못했다. 개발 과정에서 의견 충돌이 잦아졌고, 결국 창업 초기 멤버 중 몇 명이 나는 더 이상 못 하겠다며 짐을 싸서 나갔다.

문제는 여기서 발생했다. 그들이 나갈 때 지분을 어떻게 처리할지에 대한 아무런 약속(계약)이 없었던 것이다.

"그래, 고생했다. 나중에 잘되면 보자."

그렇게 얼렁뚱땅 헤어졌고, 퇴사한 사람들은 창업 초기 지분을 고스란히 들고 나갔다.

이후, 남은 멤버들이 피땀 흘려 만든 게임은 초대박이 났다. 회사는 코스닥에 상장했고 글로벌 기업으로 성장했다. 결과는 어떻게 됐을까? 초기에 잠깐 발만 담그고 나간 사람들은 아무런 기여 없이 수백억 원대의 주식 부자가 됐다. 반면, 끝까지 남아 회사를 키운 사람들은 그 모습을 보며 허탈감과 분노를 느껴야 했다. 만약 그때 주주 간 계약서 한 장만 제대로 써 뒀다면 이런 불공정한 일은 없었을 것이다.

문서는 불신의 증거가 아니라 신뢰의 기반이다

공동 창업자들끼리 지분 비율을 정했다면, 그다음 날 바로 해야 할 일은 주주 간 계약서를 쓰는 것이다. 많은 창업가가 이 과정을 힘들어한다.

"형, 우리 사이에 무슨 계약서야? 나 못 믿어?"
"우리가 남이가? 나중에 알아서 잘 챙겨 줄게."

냉정하게 말하자면, 비즈니스 세계에서 구두 약속은 아무런 의미가 없다.

문서는 상대를 못 믿어서 쓰는 게 아니다. 나중에 서로의 기억이 왜곡되거나 상황이 변했을 때, 우리 관계를 지키기 위해 쓰는 안전장치다. 문서가 약속이고 계약이 신뢰다.

계약서에 반드시 들어가야 할 핵심 조항 4가지

계약서는 너무 포괄적이거나 모호하면 안 된다. "잘 협의한다", "성실히 임한다" 같은 문구는 상황이나 해석에 따라 달라질 수 있다. 누가 봐도 해석이 갈리지 않도록 구체적이고 명확해야 한다.

① 베스팅(Vesting, 주식 근속 조건) 조항

앞선 게임 회사 사례를 막기 위한 장치다. 공동 창업자라 해도 지분을 한꺼번에 다 주지 않고 근무 기간에 따라 순차적으로 권리를 인정해 주는 것이다. 통상적으로 '4년 근무, 1년 클리프^{diff}' 조건을 많이 쓴다. 1년을 채우지 못하고 퇴사하면 지분 0퍼센트, 1년을 채우면 25퍼센트를 인정하고, 나머지 75퍼센트는 남은 3년간 매달 혹은 매년 나누어 인정해 주는 방식이다. 만약 중간에 나간다면 인정받지 못한 나머지 지분은 액면가로 회사에 반납해야 한다. 그래야 남은 사람들이 억울하지 않다.

② 주식의 양도 제한 조항

공동 창업자가 자신의 주식을 마음대로 제삼자에게 팔고 나가는 것을 막아야 한다. 퇴사하는 공동 창업자가 경쟁사에 주식을 팔아넘긴다면 경쟁사가 우리 회사의 주주가 될 수 있다. 주식을 팔려면 반드시 이사회의 승인이나 다른 주주들의 동의를 얻도록 못 박아야 한다.

③ R&R(Role and Responsibility, 역할과 책임)과 겸업 금지 조항

각자의 역할과 책임을 명확하게 나누고 그에 맞는 보상과 페널티가 있어야 한다. 또한 누구는 전업으로 올인하는데 누구는 직장에 다니면서 저녁에만 참여한다면 기여도가 다를 수밖에 없다. 이를 명확히 하고, 퇴사 후 일정 기간 경쟁 업체에 취업하거나 동종 업계 창업을 금지하는 조항도 넣어야 한다.

④ 엑시트 시 수익 분배 원칙 조항

회사를 매각하거나 청산할 때, 빚은 어떻게 갚고 남은 돈은 어떻게 나눌지를 미리 정해야 한다. 좋을 때보다 안 좋을 때 싸움이 더 크게 나는 법이다.

이면 계약서는 시한폭탄이다. 간혹 투자 유치를 위해 겉으로는 대표 이사 지분을 100퍼센트로 해 놓고, 뒤로는 "사실은 5:5야"라고 이면 계약서를 쓰는 경우가 있다. 심정은 이해하지만 절대로 추천하지 않는다. 이는 투자자에 대한 기만일 뿐만 아니라 나중에 회사가 잘되면 세금 폭탄을 맞거나 횡령 및 배임 문제로 불거질 수 있다. 또한 엑시트를 할 때 매각 대금 분배를 두고 소송전으로 비화될 확률이 99퍼센트다. 투명하지 않은 시작은 끝이 좋을 수 없다.

미래를 위한 공간, 스톡옵션 풀

마지막으로, 지분을 나눌 때 초기 멤버들끼리 다 갖지 말고 미래에 들어올 인재를 위해 10~15퍼센트 정도의 스톡옵션 풀을 미리 비워 둬야 한다. 초기 스타트업은 돈이 없다. 나중에 마케팅 이사나 기술 이사 같은 C 레벨 인재를 영입하려면 현금 대신 줄 당근이 필요하다. 이때를 대비해 '나중에 지분이 희석되더라도 스톡옵션 발행에 동의한다'는 내용을 미리 합의해 두는 것이 현명하다.

"아직 돈도 못 버는데 무슨 지분 타령이냐"라며 계약서 쓰기를 주저하는 사람들이 많은데, 돈을 못 벌 때 정하는 것이 가장 쉽다. 돈이 보이기 시작하면 인간의 욕심이 개입돼 합리적인 대화가 불가능해진다. 지금 당장, 서로 웃고 있을 때 노트북을 켜고 계약서를 작성하라. 그것이 당신의 동료를 잃지 않고 끝까지 함께 가는 유일한 길이다.

계약서
필수 체크리스트

백지 상태에서 계약서를 만들기 시작하면 밤을 새워도 완성하기 어려울 것이다. 그러지 말고 다음 6가지 핵심 질문에 대해 공동 창업자들과 치열하게 토론하고 합의해 표준 계약서에 정리하면 효율적이다. 그것이 곧 계약서의 초안이 된다.

주주 간 계약서 필수 체크리스트

① 지분율과 역할의 정의

기본적이지만 가장 중요한 항목이다.

- 지분율: 각자의 출자금과 지분율을 0.01퍼센트 단위까지 합의하에 정하고 명확히 기재했는가?
- 역할: 각 창업자의 직책(CEO, CTO 등)과 구체적인 업무 범위(R&D, 마케팅, 재무 등), 책임의 범위 등을 명시했는가?
- 근무 형태: 전업 근무 의무를 명시했는가? (투 잡 금지 조항 포함)

② 주식 근속 조건

이 조건은 주식만 받고 바로 퇴사하는 것을 방지하기 위한 안전장치다.

- 기간: 의무 근무 기간을 설정했는가? (통상 3~4년)
- 클리프: 최소 1년은 근무해야 지분을 인정해 주는 조항을 넣었는가?
- 중도 퇴사 시 처리: 의무 기간을 채우지 못하고 나갈 경우, 보유 주식을 액면가(초기 출자 가액)로 회사나 다른 주주에게 반납한다는 내용을 넣었는가?

③ 주식 양도 제한

경쟁자나 사업에 대해 전혀 모르는 사람이 주주로 들어오는 것을 막아야 한다.

- 동의권: 주식을 제삼자에게 팔 때, 이사회의 승인이나 다른 주주 전원의 동의를 얻도록 했는가?
- 우선 매수권: 창업자 중 한 명이 주식을 팔고 싶어 할 때, 남은 창업자들

이 원한다면 그 주식을 우선적으로 살 수 있는 권리를 확보했는가?

④ 퇴사 사유에 따른 주식 처리 방식

퇴사 이유와 상황에 따라 주식 처리 방식을 다르게 해야 공정하다.

- 비자발적 퇴사: 질병, 사망, 가족 관련 문제 등 본인은 근무를 하고 싶으나 어쩔 수 없이 퇴사해야 하는 경우(시가 또는 공정 가치로 주식 매수).
- 자발적 퇴사: 이직 등의 이슈로 인한 자진 퇴사, 횡령, 배임, 심각한 근무 태만 등으로 해고되는 경우(액면가 또는 징벌적 가격으로 주식 몰수).

⑤ 겸업 및 경업 금지

회사의 노하우를 가지고 나가서 경쟁사를 차리는 것을 막아야 한다.

- 재직 중: 다른 회사 취업이나 개인 사업을 금지했는가?
- 퇴사 후: 퇴사 후 일정 기간(보통 2~3년) 동안 동종 업계 창업이나 경쟁사 취업을 금지하는 조항을 넣었는가?

⑥ 교착 상태 해결 방식

지분이 5:5일 때 의견 충돌을 어떻게 해결할지 정해야 한다.

- 최종 결정권: 의견이 대립할 때 CEO에게 캐스팅 보트(최종 결정권)를 줄 것인가?

- 제삼자 중재: 해결이 안 될 경우 신뢰할 수 있는 제삼자(투자자나 멘토)의 중재를 따를 것인가?

표준 계약서 양식 구하는 방법

인터넷에 떠도는 출처 불명의 양식보다는 정부 기관이나 전문 로펌이 배포하는 표준 양식을 사용하는 것이 법적으로 안전하다.

① 법무부 '스타트업 창업 지원 법무 플랫폼'

국가에서 스타트업을 위해 만든 가장 공신력 있는 표준 계약서다. 주주 간 계약서뿐만 아니라 비밀 유지 계약서, 근로 계약서 등 필수 양식을 무료로 다운로드할 수 있으며, 조항별 해설서도 제공한다. '법무부 스타트업 법무'를 검색하면 찾을 수 있다.

② 대한상사중재원 '표준 계약서 양식'

분쟁 발생 시 법원 소송 대신 중재를 통해 해결하는 조항이 포함된 양식을 제공한다. '대한상사중재원 표준 계약서'를 검색하면 찾을 수 있다.

③ 스타트업 전문 로펌의 블로그

법무법인 세움, 미션, 디라이트 등 스타트업 생태계를 잘 아는 전문 로펌들이 블로그를 통해 양질의 가이드와 템플릿을 무료로 공개하는 경우가 많으니 활용하면 좋다.

참고로 계약서 양식을 다운받아 빈칸만 채우는 것은 위험하다. 위 체크리스트를 바탕으로 우리 팀만의 상황에 맞게 내용을 수정하고, 가능하다면 날인하기 전에 스타트업 전문 변호사에게 자문을 받는 것을 강력히 추천한다. 그 비용 수십만 원이 나중에 수십억 원을 지켜 줄 것이다.

스타트업 생존 지도 1
비즈니스 모델 캔버스

창업 관련 멘토링을 하다 보면 "대표님의 비즈니스 모델은 무엇입니까?"라고 물었을 때, "앱 내 배너 광고입니다" 혹은 "월 구독료입니다"라고 대답하는 경우를 자주 본다. 틀린 답은 아니지만, 정확한 답도 아니다. 그것은 수익 모델일 뿐이다.

비즈니스 모델은 수익 모델보다 상위 개념이다. 기업이 어떤 가치를 창출하고, 그 가치를 고객에게 어떻게 전달하며, 결과적으로 어떻게 수익을 남길 것인가를 보여 주는 전체적인 메커니즘을 뜻한다. 수익 모델이 '돈을 버는 방법'이라면, 비즈니스 모델은 '사업이 돌아가는 원리'다. 수익 모델은 비즈니스 모델이라는 큰 숲 안에 있는 나무 중 하나라고 이해하면 쉽다.

이 복잡한 비즈니스의 원리를 머릿속으로만 구상하면 놓치는 부분이 생긴다. 그래서 전문가들에 의해 검증된 프레임워크를 사용하는 것이 좋다. 그중 전 세계적으로 가장 널리 쓰이는 표준 도구가 바로 스위스 로잔 대학의 예스 피그누어 교수와 알렉산더 오스터왈더가 창안한 '비즈니스 모델 캔버스'다.

그들은 저서《비즈니스 모델의 탄생》에서 비즈니스 모델을 "조직이 어떻게 가치를 창조하고, 전파하며, 포착해 내는지를 합리적이고 체계적으로 묘사한 것"이라고 정의했다. 이 캔버스의 가장 큰 장점은 복잡한 사업 계획서를 단 한 장의 종이 위에 시각화해, 팀원들과 직관적으로 소통하고 평가할 수 있다는 점이다.

비즈니스를 지탱하는 9가지 기둥

비즈니스 모델 캔버스는 크게 9가지 블록으로 구성된다.

① 핵심 파트너(Key Partnership)

누구와 손을 잡을 것인가? 혼자서 모든 것을 다 할 수 없는 시대다. 내부 역량의 한계를 인정하고 외부의 힘을 빌려 시너지를 내야 한다.

- 전략적 제휴: 비경쟁자, 혹은 경쟁자와의 협력(예: 통신사 LG U+, KT가 경쟁자인 넷플릭스와 제휴)
- 조인트 벤처: 신규 사업을 위한 합작 투자
- 구매-공급 관계: 안정적인 원자재 확보. 모든 것을 직접 하려다가는 시

비즈니스 모델 캔버스

간과 비용의 늪에 빠진다. 우리가 못하는 일을 잘하는 파트너를 찾는 것이 능력이다.

② 핵심 활동(Key Activities)

무엇을 해야 하는가? 기업이 가치를 만들기 위해 수행해야 하는 가장 중요한 행동이다. 제조업이라면 제품의 생산이, 플랫폼이라면 수요와 공급을 확보하는 일이, 컨설팅업이라면 고객의 문제 해결이, IT 기업이라면 솔루션 개발 및 유지 보수가 핵심 활동이 된다. 핵심 활동은 경쟁사를 이기기 위해 매일매일 집중해야 할 과업이다.

③ 핵심 자원(Key Resources)

무엇을 가지고 있는가? 비즈니스를 운영하기 위해 반드시 필요한 자산이다. 공장이나 설비 같은 물적 자원, 뛰어난 개발자나 영업맨 같은 인적 자원, 특허나 브랜드 같은 지식 자원, 그리고 현금 같은 재무 자원이 포함된다. 핵심 자원이 빈약하면 아무리 좋은 아이디어도 실행할 수 없다.

④ 가치 제안(Value Proposition)

왜 우리 제품이어야 하는가? 고객이 정의됐다면, 그들에게 줄 선물을 준비해야 한다. 고객이 겪고 있는 문제를 해결하거나, 그들의 욕구를 충족시키는 차별화된 요소는 무엇인가? 단순히 기능이 좋은 것이 아니라, 고객이 기꺼이 지갑을 열게 만드는 설득력 있는 이유가 바로 가치 제안이다.

⑤ 고객 관계(Customer Relationship)

고객을 영원한 팬으로 만들려면 어떻게 해야 할까? 고객 유치보다 유지가 중요하다. 우리 제품을 지속적으로 사용하게 만들기 위해 어떤 관계를 맺을 것인가? 프라이빗 뱅킹처럼 1:1 전담 매니저를 둘 것인지, 넷플릭스처럼 자동화된 큐레이션을 제공할 것인지, 아니면 오늘의집처럼 커뮤니티를 만들어 그들끼리 놀게 할 것인지, 전략이 필요하다.

⑥ 채널(Channels)

고객과 어디서 만날 것인가? 우리가 만든 가치를 고객에게 전달하는 통로가 필요하다. 오프라인 매장의 유통 채널일 수도 있고 온라인상의 웹사이트,

모바일 앱, 오픈 마켓, SNS 등 고객과의 접점을 어떻게 설계할 것인지 결정해야 한다. 단순히 판매하는 곳을 넘어 고객이 우리 브랜드를 인지하고, 구매하고, 평가하고, AS를 받는 모든 경로를 포함한다.

⑦ 고객 세분화(Customer Segments)

우리의 진짜 고객은 누구인가? 모든 사람을 만족시키려는 서비스는 아무도 만족시키지 못한다. "전 국민이 다 쓸 수 있어요"라는 말은 타기팅이 안 돼 있다는 말과 같다. 배달의민족 김봉진 의장은 "좁히고 좁히고 좁히고, 줄이고 줄이고 줄여서 단 하나의 고객에 집중하라"라고 말했다. 실제로 배달의민족의 초기 타깃은 전 국민이 아니라 '강남에 혼자 사는 20대 초반의 남자'였다. 우리의 제품이 가장 절실하게 필요한 핵심 고객군을 명확히 정의하는 것이 모든 비즈니스의 시작이다.

⑧ 비용 구조(Cost Structure)

돈이 어디로 나가는가? 사업을 운영하는 데 발생하는 모든 비용이다. 고정비(임대료, 인건비)와 변동비(원가, 마케팅비)를 파악해야 한다. 초기 스타트업은 매출이 없어도 숨만 쉬어도 나가는 돈을 최소화해야 생존할 수 있다. 수익이 비용을 넘어설 때까지 버틸 수 있는 효율적인 비용 구조를 짜는 것이 경영의 핵심이다.

⑨ 수익원(Revenue Streams)

어디서 돈을 벌 것인가? 비즈니스의 혈액인 현금을 창출하는 방법이다. 우리가 제공하는 가치에 대해 고객이 지불하는 대가다.

- 물품 판매: 제품 소유권 판매, 직접 제조 및 판매, 사입을 통한 판매(인터넷 쇼핑몰, 오프라인 매장)
- 이용료: 사용한 만큼 부과(통신비, 인터넷 사용료)
- 구독료(가입비): 기간 단위 무제한 이용(넷플릭스, 유튜브 프리미엄)
- 대여료(임대료): 일시적 사용 권한(쏘카, 에어비앤비)
- 라이선싱: 지적 재산권 사용료(카카오프렌즈, 게임 캐릭터)
- 중개 수수료: 플랫폼 매칭 비용(배달의민족, 에어비앤비)
- 광고: 트래픽 기반 수익(네이버, 메타)

비즈니스 모델 캔버스는 한번 작성해서 벽에 걸어 두는 액자가 아니다. 시장의 반응에 따라 끊임없이 쓰고, 지우고, 고쳐 그려야 하는 스케치북이다. 지금 펜을 들라. 그리고 이 9개의 블록을 채워 보라. 칸을 채우다 보면 막히는 부분이 분명 나올 것이다. 바로 그 지점이 당신의 사업에서 가장 시급하게 해결해야 할 약점이다.

스타트업 생존 지도 2
린 캔버스

앞서 살펴본 비즈니스 모델 캔버스는 기업이 어떻게 돌아가는지를 한눈에 보여 주는 훌륭한 도구다. 하지만 이제 막 아이디어 하나 들고 시작하는 초기 스타트업에 적용하기에는 다소 거창하고 정적인 느낌이 들 수 있다. 우리에게는 잘 정돈된 보고서가 아니라, 당장 내 가설이 맞는지 틀리는지 확인할 수 있는 기동성 있는 지도가 필요하다.

이때 유용한 도구가 애시 모리아가 고안한 '린 캔버스^{Lean Canvas}'다. 린 캔버스는 창업 전 검증 단계에서 가장 강력한 위력을 발휘한다. 복잡한 인프라나 파트너십보다는 고객의 문제와 우리의 솔루션에 집중해 실패 확률을 줄이고 시장에 빠르게 안착하는 것을 목표로 하기 때문이다.

시장을 파악하고 내 사업을 점검하는 9가지 기둥

	❷ 고객군 (Customer Segments)			❺ 경쟁 우위 (Unfair Advantage)		
❶ 문제 (Problem)			❹ 해결 방안 (Solution)			❼ 채널 (Channels)
	❸ 고유의 가치 제안 (Unique Value Proposition)			❻ 핵심 지표 (Key Metrics)		
❽ 비용 구조 (Cost Structure)			❾ 수익원 (Revenue Streams)			

린 캔버스

① 문제(Problem)

고통이 없는 곳에 돈은 없다. 린 캔버스의 시작은 언제나 '문제'다. 많은 예비 창업자가 "나는 이런 기가 막힌 아이디어가 있어!"라며 솔루션부터 들고 나온다. 하지만 기억하라. 고객은 당신의 아이디어에 관심이 없다. 오직 자신의 문제를 해결해 주는 것에만 관심이 있다. 고객은 자신의 시간, 돈, 노력을 줄이는 쪽으로 선택을 하게 돼 있다.

고객이 밤잠을 설칠 만큼 괴로워하는 불편함이 무엇인가? 문제를 모르는 것이 가장 큰 문제다. 문제를 명확히 알면 솔루션을 찾을 수 있다. 당신이 풀려는 문제가 '비타민'처럼 있으면 좋은 것인지, '진통제'처럼 없으면 안 되는 것인지 냉정하게 생각해 보자.

② 고객군(Customer Segments)

문제를 정의했다면, 그 문제를 진짜 겪고 있는 사람을 찾아야 한다. 단순히 '20대~30대 여성'처럼 포괄적이고 두루뭉실해서는 안 된다. 나이, 지역, 직업, 성향, 소득 수준 등을 최소 단위로 쪼개 구체적인 페르소나를 그려야 한다.

당신의 제품이 완벽하지 않아도, 문제가 너무 시급해서 기꺼이 돈을 내고 써 줄 첫 번째 고객이 누구인가? '모두를 위한 제품'은 '누구에게도 필요 없는 제품'과 동의어다. 광활한 시장이 아니라 확실한 한 명의 고객에게 집중할 때 시장은 열린다.

③ 고유의 가치 제안(Unique Value Proposition)

고객과 문제가 만나는 지점에서 당신 상품의 고유한 가치를 제안해야 한다. 경쟁사와 달리 당신만이 줄 수 있는 차별화된 가치는 무엇인가? 구구절절한 설명이 아니라, 고객의 뇌리에 꽂히는 단 한 문장의 카피여야 한다.

④ 해결 방안(Solution)

고유의 가치를 실현할 구체적인 해결 방안을 3가지 핵심 기능으로 정리하라. 이때 중요한 것은 기술적 구현 가능성이다. 아무리 좋은 해결책도 현재의 기술과 자본으로 만들 수 없다면 공상 과학 소설일 뿐이다. 고객 인터뷰를 통해 이 기능이 정말 그들의 가려운 곳을 긁어 줄 수 있는지 검증해야 한다.

⑤ 경쟁 우위(Unfair Advantage)

린 캔버스에서 가장 작성하기 어렵고 빈칸으로 남겨 두기 쉬운 부분이 있는데, 바로 '경쟁 우위'다. 애시 모리아는 이를 "쉽게 카피할 수 없거나 돈으로 살 수 없는 것"이라고 정의했다.

경쟁사들과 비슷한 수준의 기술력이나 경쟁력은 경쟁 우위라고 말할 수 없다. 경쟁자가 자본력을 앞세워 치고 들어와도 절대 뺏을 수 없는 당신만의 무기는 무엇인가? 독점적인 기술 특허일 수도 있고, 강력한 커뮤니티일 수도 있고, 창업 팀만 알고 있는 업계의 내부 정보일 수도 있다. 만약 경쟁 우위가 없다면, 결국 마케팅 전쟁터에서 자본이 많은 기업에 먹히게 된다.

⑥ 핵심 지표(Key Metrics)

비행기를 조종할 때 계기판을 보는 것처럼, 스타트업 경영에도 '핵심 지표'가 필요하다. 지표를 수십 개씩 볼 필요도 없다. 회사의 생존과 성장을 가장 직관적으로 보여 주는 두세 개의 지표면 충분하다.

단순한 누적 가입자 수 같은 '허영 지표 vanity metric'에 속지 마라. 진짜 중요한 것은 고객이 우리 서비스를 얼마나 자주 다시 찾는지(재방문율), 실제로 구매가 일어나는지(전환율)와 같이 성장에 도움이 되는 '실질 지표'다.

⑦ 채널(Channels)

고객 도달 경로다. 비즈니스 모델 캔버스의 '채널'과 동일하다.

⑧ 비용 구조(Cost Structure)

인건비, 고객 획득 비용, 유통 비용, 호스팅 등 비즈니스 모델 캔버스의 비용 구조와 동일하다.

⑨ 수익원(Revenue Streams)

매출, 영업 이익 등이 발생하는 방식이다. 비즈니스 모델 캔버스의 '수익원'과 동일하다.

린 캔버스 역시 한번 쓰고 책상 서랍에 넣어 두는 문서가 아니라 가설을 세우고, 시장에 나가 부딪히고, 깨지면 다시 돌아와서 수정하는 살아 있는 지도다. 지금 펜을 들어라. 그리고 당신의 머릿속에 있는 아이디어를 이 캔버스 위에 쏟아 내라. 빈칸이 채워질 때마다 당신의 막연했던 상상은 구체적인 비즈니스가 돼 갈 것이다.

트래픽과
진짜 수익을 구별하는
수익 모델

비즈니스 모델 캔버스와 린 캔버스를 화려하게 그려 놔도, 이 질문에 대답을 할 수 없다면 비즈니스가 아니라 자선 사업이 된다.

"그래서 누가, 언제, 어떻게 지갑을 여는가?"

비즈니스 모델의 부분 집합이라고 여겨지기도 하지만, 사실상 스타트업 생존의 핵심은 바로 '수익 모델'이다.

세상에 돈을 버는 방식은 무수히 많아 보이지만, 그 본질을 파고들면 크게 6가지 유형으로 귀결된다. 대부분의 성공한 기업은 이 6가지를 기반으로 하거나, 2~3가지를 정교하게 섞은 하이브리드 모델을 취하고 있다.

당신의 파이프라인은 무엇인가? 돈을 버는 6가지 방법

① 물품 판매

인류 역사상 가장 오래된 모델이다. 물건을 만들어 팔거나(제조), 남의 물건을 떼다가 이윤을 붙여 판다(유통). 삼성전자가 스마트폰을 만들어 팔고, 동대문 옷 가게가 의류를 떼다가 온라인 쇼핑몰에서 파는 것이 여기에 해당한다. 자동차 회사처럼 하청 업체 부품을 조립해 파는 중간 형태도 있다. 형태만 다를 뿐 본질은 소유권의 이전이다.

② 가입비와 이용료

한번 팔고 끝나는 게 아니라, 고객을 묶어 두고 지속적인 현금 흐름을 만든다. 보험이나 결혼 정보 회사의 가입비가 고전적인 모델이라면 넷플릭스, 유튜브 프리미엄, 네이버 플러스, 멜론 같은 구독 경제는 현대판 이용료 모델이다. 최근에는 챗GPT, 구글 제미나이 같은 AI 서비스들도 상위 버전의 제품에 구독료를 받아 충성 고객을 만들어 가고 있다.

③ 라이선싱

물건이 아니라 권리를 판다. 카카오프렌즈의 캐릭터, 퀄컴의 통신 특허, 원천 기술을 가진 바이오 기업이 대표적이다. 재고 부담 없이 고수익을 올릴 수 있지만, 압도적인 지식 재산권이나 기술력이 전제돼야 한다.

④ 중개 수수료

전통적으로는 부동산 중개가 대표적이다. 아마존, 배달의민족, 11번가 같은 플랫폼 비즈니스 역시 공급자와 수요자를 연결해 주고 중개 수수료를 받는다. 재고 리스크는 없지만, 양쪽의 사용자를 모두 많이 모으고 만족시켜야 하는 고난도 모델이다.

⑤ 대여료·임대료

과거의 비디오 대여점은 사라졌지만 그 자리를 공유 경제가 채웠다. 공간을 빌려주는 에어비앤비, 차를 빌려주는 쏘카, 그리고 정수기 렌털까지. 자산을 쪼개 팔아 수익을 극대화하는 방식이다.

⑥ 광고

TV 방송, 신문부터 네이버, 유튜브까지 트래픽이 모이는 곳에는 항상 광고판이 붙는다. 서비스는 무료로 제공해 사용자를 모으고, 그들의 시간과 관심을 광고주에게 파는 모델이다.

사용자가 모이면 돈이 된다? 트래픽의 배신

많은 스타트업이 범하는 치명적인 착각이 있다. '일단 무료로 풀어서 사용자를 모으자. 트래픽이 터지면 돈은 저절로 따라올 거야'라는 생각이다.

과거 앱 시장 초창기에는 다운로드 수만 많아도 투자를 받고 광고 수익을 낼 수 있었다. 하지만 지금은 다르다. 소비자들은 영리해졌다. 실속 있는 혜택만 챙기고 매출에는 기여하지 않는 체리 피커 소비자가 넘쳐난다. 카드사가 혜택만 빼먹는 고객들 때문에 전월 실적 30만 원이라는 최소 기준을 만들었듯이, 앱 시장에도 다운로드 보상만 챙기고 앱을 삭제하거나 무료 기능만 악착같이 쓰는 사용자가 대다수다.

이제 투자자들은 단순 다운로드 수가 아닌 MAU(월간 활성 사용자), DAU(일간 활성 사용자), 그리고 리텐션(재방문율)을 본다. 하지만 이 지표들조차 '돈'을 보장하지는 않는다.

무료에서 유료로 건너가는 죽음의 계곡

가장 큰 문제는 '유료화 전환'이다. 처음부터 무료로 제공되던 서비스에 가격표를 붙이는 순간 사용자는 배신감을 느끼고 썰물처럼 빠져나간다. 한때 대한민국 국민 대부분이 쓴다고 했던 다음 한메일이 2002년 4월 '온라인 우표제'라는 명목으로 유료화를 시도했다가 사용자들이 대거 네이버로 이탈하며 몰락했던 역사적인 사건이 있었다. 이 사례가 보여 주듯 유료화 전환이 얼마나 어렵고 위험한 일인지 이해해야 한다.

요즘 많은 앱이 기본 기능은 무료, 고급 기능은 유료로 제공하는 '부분 유료화freemium' 모델을 쓰지만 유의미한 매출을 내는 곳은 극소수다. 광고를 덕지덕지 붙이면 사용성이 떨어져 이탈하고, 결제를 유도하면 욕을 먹는다.

그러니 제발, '나중에 트래픽 모이면 그때 생각하자'라고 미루지 마라. 창업 초기, 기획 단계부터 수익 모델을 고민해야 한다.

'우리 고객은 이 가치에 대해 얼마까지 지불할 의사가 있는가?'
'누가 우리에게 돈을 줄 것인가?'

이 질문에 답하지 못한다면, 당신은 열심히 자원봉사를 하고 있는 것일지도 모른다. 스타트업에게 수익은 탐욕이 아니라 지속 가능한 혁신을 위한 연료다.

좋은 사업 계획서가
갖춰야 할
조건

"말로는 다 하겠는데, 쓰지를 못하겠네."

이제 막 창업의 바다에 뛰어든 A 씨. 그는 혁신적인 아이디어로 엔젤 투자자들의 마음을 사로잡겠다는 부푼 꿈을 안고 노트북을 열었다. 하지만 파워포인트의 하얀 화면과 깜빡이는 커서를 마주하는 순간 머릿속마저 하얗게 변해 버렸다.

'말로는 밤새 설명할 수 있는데, 도대체 첫 장에 뭐라고 써야 하지?'

직장을 다니며 '예비 창업 패키지' 정부 지원 사업을 준비하는 B 씨의 상황도 A 씨와 다르지 않다. 다운로드받은 신청서를 열어 보니 사업 개요, 개발 동기, 사업화 전략, 성과 창출 방안 등 채워야 할 항목은 방대하고 용어는 낯설기만 하다.

이것은 비단 A 씨와 B 씨만의 문제가 아니다. 사업을 결심한 대부분의 창업자들이 같은 어려움을 호소한다. 다른 사람을 말로 설득하는 것에는 익숙하지만, 비즈니스를 구조화하고 문서로 증명하는 훈련은 받지 못했기 때문이다. 그래서 사업 계획서는 창업 전부터 미리 써 보고, 깨지고, 다시 쓰는 연습이 필요하다.

사업 계획서는 단순한 서류 뭉치가 아니다. 당신의 머릿속에 있는 추상적인 아이디어를 실행 가능한 현실로 끌어내리는 설계도다. 이 과정을 통해 사업의 타당성을 점검하고, 보이지 않는 위험 요소를 미리 제거하며, 미래의 비용과 일정을 관리하게 된다. 즉, 사업 계획서를 쓰는 과정 자체가 실패를 예방하는 가장 저렴하고 확실한 시뮬레이션이다.

좋은 사업 계획서를 관통하는 3가지 절대 원칙

훌륭한 사업 계획서는 시장에 대한 깊은 통찰, 명확한 목표, 그리고 매끄러운 스토리텔링을 갖춰야 한다. 하지만 모든 미사여구를 걷어 내고 투자자나 심사 위원이 눈에 불을 켜고 확인하는 것은 딱 3가지다. 객관성, 논리성, 그리고 목적 부합성이다.

① 객관성

사업 계획서에 들어가는 모든 데이터는 '팩트'여야 한다. 당신의 주장을 뒷받침하기 위해 통계청 자료나 전문 리서치 기관의 데이터를 인용한다면 반드시 출처를 명확히 밝혀야 한다. 만약 과거 데이터가 아닌 미래의 예상치라면, 반드시 '추정', '예상', 'Estimate(E)'라는 표기를 남겨야 한다.

이것은 신뢰의 문제다. 만약 당신이 시장 데이터를 실수로 잘못 기재했다면 투자자는 당신을 '바보'라고 생각할 것이다. 하지만 의도적으로 데이터를 부풀리거나 왜곡했다면? 그때 당신은 '사기꾼'이 된다. 바보는 가르쳐서 쓸 수 있지만, 사기꾼에게 투자하는 투자자는 세상에 없다. 공신력 있는 데이터가 없다면 발로 뛰어서 만든 자체 설문 조사 결과라도 제시해 당신의 추론이 얼마나 합리적인지 증명해야 한다.

② 논리성

사업 계획서는 감성에 호소하는 소설이 아니다. 인과 관계가 딱딱 맞아떨어지는 논설문이자 증명서다. "우리 서비스가 출시되면 대박이 날 것이다"라는 주장은 논리가 아니다.

- Why Now? – 고객은 지금 어떤 극심한 고통을 겪고 있는가?
- Why Us? – 왜 기존의 경쟁자들은 이 문제를 해결하지 못했는가?
- How? – 우리의 솔루션은 어떻게 그 문제를 해결하며, 고객은 왜 지갑을 열 수밖에 없는가?

이 흐름이 물 흐르듯 이어져야 한다. 고객의 문제와 우리의 해결책, 그리고 그것이 수익으로 이어지는 과정이 하나의 톱니바퀴처럼 맞물려 돌아가야 한다. 뼈대(논리)가 부실한데 살(디자인)만 붙인 사업 계획서는 아무리 화려하다 한들 읽는 사람에게 이런 질문만 남기고 머릿속에서 사라진다.

'그래서 뭘 한다는 거야?'

③ 목적 부합성

사업 계획서는 상대방이 누구냐에 따라 내용과 표현 방식이 달라야 한다.

- 투자 유치용: 투자자는 돈에 관심이 있다. 회사의 성장성, 수익성, 그리고 엑시트 가능성을 중심으로 짧고 강렬하게 설득해야 한다.
- 정부 지원 사업용: 심사 위원은 공정성과 고용 창출, 기술 실현 가능성을 중요하게 생각한다. 평가 지표에 맞춰 빈칸 없이 꼼꼼하고 성실하게 기술해야 한다.
- 제휴 제안서: 파트너사는 시너지를 본다. 우리와 손을 잡았을 때 그들이 얻을 수 있는 이익이 무엇인지 명확히 보여 줘야 한다.

하나의 사업 계획서로 돌려막지 마라. 목적에 맞게, 보는 사람의 관점에 맞게 커스터마이징하는 정성이 필요하다.

백지 앞에 앉아 있는 것이 두려운가? 당연하다. 당신의 인생을 건 사업을 종이 위에 올리는 일이니까. 하지만 기억하라. 이 치열한 고민의 기록이 쌓일수록 사업은 안개 속에서 벗어나 선명한 길을 찾게 될 것이다. 객관적인 눈으로, 논리적인 머리로, 그리고 상대방을 향한 명확한 목적으로 당신의 비전을 증명하라.

투자자의
마음을 훔치는
사업 계획서

투자 유치를 위한 사업 계획서를 스타트업 업계에서는 흔히 'IR 덱[IR Deck]'이라고 부른다. 물론 정답으로 정해진 법적 양식이 있는 것은 아니다. 그러나 투자자들은 수천 개의 스타트업을 검토해야 한다. 그들의 머릿속에는 이미 '합격하는 IR의 기준'이 자리 잡고 있다.

초기 스타트업은 가능성과 패기를, 성장기 스타트업은 구체적인 수치와 실적을 증명해야 한다. 투자 협상 과정에서 끊임없이 수정하고 보완해야 할 살아 있는 문서, IR 덱에 반드시 담겨야 할 9가지 핵심 요소를 상세히 살펴보자.

제품·서비스: 고객의 고통을 치유하는 단 하나의 약

가장 먼저 던져야 할 질문은 '왜 고객이 우리 제품을 사야 하는가?'다. 단순히 기능의 우수성을 나열하는 것은 하수다. 고객이 겪고 있는 페인 포인트가 얼마나 심각한지, 그리고 우리 서비스가 그 고통을 얼마나 명쾌하게 해결하는지를 드라마틱하게 보여 줘야 한다.

경쟁사 대비 무엇이 차별화되는지, 우리만이 가진 '한 방'이 무엇인지 증명해야 한다. 이때, 구구절절한 설명보다는 고객의 뇌리에 꽂히는 강렬한 한 줄 카피가 더 강력하다. 성공한 유니콘들의 초기 슬로건을 보자. 그들은 복잡하지 않았다.

- 토스: 금융을 쉽고 편하게(복잡한 송금의 고통 해결)
- 직방: 방 구할 땐, 직방(발품 파는 고통 해결)
- 마켓컬리: 퀄리티 있게 새벽 배송(신선 식품 구매의 시공간 제약 해결)
- 크몽: 프리랜서 마켓 넘버 원(재능 거래의 신뢰 문제 해결)

투자자는 이 한 줄을 보는 순간 사업의 본질을 이해한다. 당신의 서비스는 한 줄로 정의되는가?

시장 및 경쟁 상황: 물 들어올 때 노 저을 준비가 돼 있어야 한다

아이템이 아무리 좋아도 시장이 작으면 투자를 받기 어렵다. 투자자는 '큰 물'에서 노는 고기를 좋아한다. 시장 분석은 막연해서는 안 되며, TAM-

SAM-SOM 프레임워크를 통해 논리적으로 좁혀 들어가야 한다.

- 전체 시장(TAM): 비즈니스 도메인의 전체 크기(예: 대한민국 전체 인구)
- 유효 시장(SAM): 우리의 비즈니스 모델이 적용될 수 있는 현실적인 시 (예: 스마트폰으로 부동산을 검색하는 1,000만 명)
- 수익 시장(SOM): 초기 단계에 마케팅과 영업을 통해 실제로 확보 가능 한 핵심 타깃 시장(예: 모바일 친화적인 2030세대 1인 가구)

또한, "경쟁자가 없다"라는 말은 금물이다. 이는 시장이 없거나 당신이 시 장 조사를 제대로 안 했다는 뜻으로 받아들여진다. 국내외 경쟁사들을 샅샅 이 분석하고, 그들이 해결하지 못한 빈틈을 우리가 어떻게 파고들 것인지 보 여 줘야 한다. 특히 유사 도메인이 있는 글로벌 리더들의 성공 사례와 투자 유치 현황을 언급하면 많은 신뢰를 얻을 수 있다.

비즈니스 모델: 돈이 흐르는 시스템을 설계하라

자선 사업이 아니라면, 결국 "어떻게 돈을 벌 것인가?"에 대한 명확한 답이 있어야 한다. 이것이 바로 비즈니스 모델이다. 제품을 어떻게 생산해서, 어떤 경로로 유통하고, 최종적으로 고객에게 어떤 명목(구독료, 수수료, 광고비 등)으로 돈을 받을 것인지 전체적인 비즈니스 시스템을 도식화해서 보여주는 것이 좋다.

특히 결제 구조, 정산 주기, 세금 계산서 발행 방식 등 돈의 흐름을 구체적으로 고민한 흔적이 보일수록 투자자는 당신을 준비된 경영자로 인식한다. 수익 구조와 비용 구조를 명확히 해, 매출이 늘어날수록 이익률이 좋아지는 구조임을 증명해야 한다.

기회와 위협: 대기업이 들어오면 어떻게 할 것인가?

우리가 자주 접하게 되는 SWOT 분석은 기업의 강점 Strength, 약점 Weakness, 기회 Opportunity, 위협 Threat의 머리글자를 모아 만든 단어다. 그중에서 강점은 대부분 제품이나 서비스를 소개하는 목차에 해당이 될 것이고 약점은 굳이 이야기할 필요가 없지만, 기회와 위협 요인은 냉철하게 분석해야 한다. 4차 산업 혁명, 비대면 트렌드 등 거시적인 흐름이 가져다준 기회를 강조하라.

반대로, 투자자가 반드시 던지는 단골 질문, "네이버나 카카오 같은 대기업이 이 시장에 진출하면 어떻게 할 것인가?"에 대한 방어 논리도 완벽하게 준비해야 한다. 정부 규제나 핵심 인력 이탈 같은 리스크도 먼저 언급하고, 이에 대한 대처 방안을 제시해야 한다. 투자자는 위험이 없는 회사가 아니라, 위험을 관리할 능력이 있는 회사에 투자한다.

마케팅: 감이 아닌 데이터로 승부하라

"제품이 출시되면 열심히 마케팅하겠습니다"라는 말은 통하지 않는다. 이제 마케팅은 철저한 숫자 싸움이다. CAC^{고객 획득 비용}, LTV^{고객 생애 가치}, ROAS^{광고비 대비 매출액}, 리텐션^{재방문율} 같은 핵심 지표^{KPI}를 제시해야 한다.

- CAC < LTV: 고객 한 명을 데려오는 데 1,000원을 썼는데^{CAC}, 그 고객이 평생 1만 원을 벌어다 준다면^{LTV} 빚을 내서라도 마케팅을 해야 한다.
- CAC > LTV: 반대로 고객 획득 비용이 수익보다 높다면 밑 빠진 독에 물 붓기다. 마케팅 전략을 전면적으로 재검토해야 한다.

투자자에게 '우리는 돈을 허투루 쓰지 않는다. 데이터에 기반해 가장 효율적인 채널에 집중하는 그로스 해킹^{growth hacking} 전략이 있다'는 것을 보여 줘야 한다.

실행 일정: 꿈을 현실로 만드는 약속

앞으로 1년, 길게는 3년 동안의 로드맵이다. 이를 스타트업 용어로 '마일스톤^{milestone}'이라고 한다. 주요 개발 일정, 서비스 론칭, 핵심 인력 채용, KPI 달성 목표 등을 월 단위 혹은 분기 단위로 보여 줘야 한다.

주의할 점은 지킬 수 있는 약속을 해야 한다는 것이다. 당장의 투자를 위해 무리한 일정을 제시했다가 나중에 신뢰를 잃는 것보다, 현실적이고 달성 가능한 목표를 제시하고 하나씩 격파해 나가는 모습을 보여 주는 것이 훨씬 유리하다.

재무 계획: 숫자로 보여 주는 자신감

아직 매출이 없는 초기 기업이라도 향후 3년간의 추정 손익 계산서는 필수다. 이 재무 계획표는 언제쯤 손익 분기점을 넘기고, 언제부터 폭발적으로 성장할 것인지를 보여 주는 시나리오다.

설령 지금은 적자일지라도 '이 시점부터는 의미 있는 매출이 발생하고, 마케팅을 강화하면 J커브를 그릴 수 있다'는 흐름을 보여 줘야 한다. 만약 현재 버는 돈이 쓰는 돈보다 많다면(흑자 경영), 투자가 늦어져도 우리는 망하지 않고 버틸 수 있다는 강력한 생존력을 어필하게 돼 협상에서 우위를 점할 수 있다.

투자 유치 금액과 사용처: 현명한 자금 운용 계획을 세워라

이번 라운드에서 얼마가 필요한지, 그리고 그 돈을 어디에 쓸지 명확히 밝혀야 한다. 통상적으로 투자 금액은 지분 희석을 고려해 기업 가치의 10~20퍼센트 선에서 결정된다. 예를 들어 10억 원을 투자받고 싶다면, 우리 회사의 가치가 50억~100억 원은 된다는 논리가 있어야 한다.

사용처는 디테일이 생명이다. 단순히 '마케팅비 5억'이라고 퉁치지 말아야한다. '효율이 검증된 네이버와 메타 같은 퍼포먼스 마케팅 채널의 어떤 광고 상품에 어떤 타기팅으로 월 1천만 원 투입'처럼 최대한 구체적이어야 한다. 돈을 낭비하는 것이 아니라, 검증된 엔진에 연료를 주입해 로켓을 쏴 올리겠다는 확신을 줘야 한다.

창업 팀: 결국은 사람이다

초기 투자의 9할은 사람을 보고 한다. 아무리 좋은 아이템도 팀이 엉망이면 실패하고, 평범한 아이템도 훌륭한 팀이 맡으면 성공한다. 창업자와 공동창업자들의 경력, 학력, 전문성을 상세히 기술해야 한다. 그리고 왜 하필 '이 팀'이 '지금' 이 문제를 해결해야 하는지, 해결할 수 있는지, 창업자-시장 적합성을 증명해야 한다.

단순히 스펙만 나열하지 말고, 팀원 간의 끈끈한 팀워크와 조화를 보여 줘야 한다. "우리는 어벤저스 팀입니다"라고 말하는 대신, 각자의 강점이 어떻게 시너지를 내는지 보여 주는 것이 좋다. 투자자는 가장 똑똑한 팀이 아니라 가장 포기하지 않을 것 같은 팀에 베팅한다.

정부 지원 사업
계획서 만들기

대한민국 정부 지원 사업(예비 창업 패키지, 초기 창업 패키지 등)은 평가 기준이 명확하다. 창의성보다는 논리성과 규격이 중요하다. 정부 사업 계획서의 표준 양식인 PSST^{Problem-Solution-Scale up-Team} 방식에 맞춘 작성 팁을 공개한다.

가장 중요한 기본 원칙

평가 위원들은 짧은 시간에 수많은 서류를 검토한다. 줄글로 빽빽한 문서는 읽지 않는다. 가독성을 높이는 것이 합격의 첫걸음이다.

- 개조식 작성: 문장은 짧게 끊고, '~함', '~임'으로 끝낸다.
- 시각화: 텍스트 50퍼센트, 이미지·도표 50퍼센트 비율을 유지한다.
- 두괄식: 핵심 내용은 문단 맨 앞에 배치하고, 굵은 글씨나 색상으로 강조한다.

문제 인식(Problem): 왜 필요한가?

개인적인 불편함이 아니라 '사회적·시장적 문제'로 어필하라.

단순히 "내가 써 보니 불편해서"라는 접근은 설득력이 떨어진다. 대신 관련 뉴스 기사 통계, 시장 조사 데이터를 인용하라. 이 문제를 해결하는 것이 국가 산업 발전이나 사회적 비용 절감에 도움이 된다는 뉘앙스를 풍겨야 한다. 심사 위원은 세금을 투입할 명분이 필요하다.

실현 가능성(Solution): 무엇을 만들 것인가?

추상적인 형용사를 빼고 구체적인 기능을 적어라. 예를 들면, '사용하기 편리한 앱'이 아니라 '3번의 터치로 결제가 완료되는 간편 결제 시스템'이라고 써야 한다. 개발 과정, 시스템 구성도, UI 예시 이미지를 넣어라. "앞으로 고민해 보겠습니다"가 아니라, "이미 머릿속에 설계가 다 돼 있습니다"라는 인상을 줘야 한다.

성장 전략(Scale-up): 어떻게 키울 것인가?

정부가 가장 좋아하는 키워드는 '수출'과 '고용 창출'이다. 단순히 매출을 많이 내겠다는 것보다, '이 사업이 커지면 청년 채용을 매년 00명 늘리겠다', '해외 시장에 진출해 외화를 벌어 오겠다'는 공익적 목표를 함께 제시하면 가산점을 받는다. 자금 소요 계획은 정부 지원금을 어디에 쓸지 아주 구체적으로(인건비 00원, 외주 용역비 00원) 적어야 신뢰를 얻는다.

팀 구성(Team): 누가 할 수 있는가?

대표자의 역량을 영혼까지 끌어모아 자랑하라. 관련 특허, 수상 경력, 이전 직장 프로젝트 경험 등 이 사업을 수행하기에 내가 가장 적합한 사람임을 증명해야 한다. 만약 팀원이 없다면? "선정 후 3개월 이내에 개발자 두 명 채용 예정"과 같이 구체적인 채용 계획을 적으면 된다. 이것 또한 고용 창출 의지로 평가받는다.

투자 유치를 할 때는 꿈과 비전을 팔아야 하고, 정부의 지원을 받으려면 성실함과 공익성을 증명해야 한다. 상대가 누구냐에 따라 같은 아이템이라도 포장지가 완전히 달라야 한다는 점을 꼭 명심하기를 바란다.

사업 계획서
작성
디테일

앞서 사업 계획서의 뼈대와 필수 요소를 살펴봤다. 이제 그 뼈대에 살을 붙이고 매력적인 옷을 입힐 차례다. '내용만 좋으면 됐지'라고 생각한다면 오산이다. 투자자는 하루에도 수십 개의 사업 계획서를 본다. 그 지루한 틈바구니 속에서 우리 회사가 빛나기 위해 반드시 지켜야 할 작성의 기술을 정리했다.

이성으로 설득하고, 감성으로 울려라

좋은 사업 계획서는 탄탄한 논리와 근거(이성)를 바탕으로 하되, 결국 읽는 사람의 마음을 움직이는 공감(감성)이 있어야 한다. "클래식하면서도 모던하게 해 주세요"라는, 디자이너를 괴롭히는 주문처럼 들리겠지만 우리는 그 어려운 일을 해내야 한다. 데이터는 차갑고 정확하게, 하지만 해결하려는 문제의식은 뜨겁고 절박하게 전달하라.

용도에 따라 내용과 형식을 바꾸자

가장 많이 하는 실수가 발표용 자료를 그대로 이메일로 보내거나 제출용 자료를 띄워 놓고 발표하는 것이다.

- 제출용 reading deck: 투자자가 혼자 읽어 보는 용도다. 친절해야 한다. 도표 옆에 상세한 설명과 데이터 분석이 작은 글씨로 들어가도 좋다. 논리의 비약이 없어야 한다.
- 발표용 presentation deck: 청중이 나를 보게 해야 한다. 텍스트는 과감히 줄이고 핵심 키워드와 이미지를 중심으로 구성해 스토리텔링을 해야 한다. 멀리서도 보이게 글씨는 키워라.

스티브 잡스를 따라 한다고 검은색 배경에 흰색 글씨를 쓰는 경우가 많은데, 이는 발표장에서는 멋있을지 몰라도 출력하거나 모니터로 읽을 때는 가독성이 최악이다. 제출용은 가급적 흰색 배경을 추천한다.

중학생도 이해할 수 있는 언어로 써라

투자자가 해당 분야의 전문가일 것이라고 착각하지 마라. 혹은 내 전문성을 뽐내기 위해 어려운 기술 용어를 남발하지 마라. 업계에는 "중학생이 봐도 이해할 수 있는 수준으로 작성하라"라는 불문율이 있다. 당신이 직접 설명하지 못하고 문서만 먼저 전달되는 경우가 태반이다. 누가 읽어도 오해가 없도록 쉽고 명쾌해야 한다. 어렵게 쓴다는 것은 당신도 아직 그 사업을 완벽하게 이해하지 못했다는 방증이다.

'예스'를 수집하라

투자 심사는 설득의 연속이다. 첫 장부터 마지막 장까지 고개를 끄덕이게 만들어야 한다. 시장이 큰가? (ok) → 문제가 심각한가? (ok) → 솔루션이 맞는가? (ok) → 팀이 훌륭한가? (ok). 이렇게 매 장표마다 작은 OK를 이끌어 내다 보면 마지막 장을 덮을 때 "투자하고 싶다"라는 큰 OK가 나올 확률이 높아진다. 논리가 끊기지 않게 도미노를 설계하라.

투자자를 가르치려 들지 마라

투자자는 당신보다 해당 산업의 기술적 깊이는 얕을지 몰라도, 시장의 흐름과 비즈니스의 생리를 파악하는 눈은 훨씬 밝고 경험이 많다. 특히 시장 분석 장표에서 어설픈 지식으로 투자자를 가르치려 들거나 그들의 전문성을 무시하는 태도는 금물이다. 그들은 늘 새로운 시장과 기술에 목말라 있다. 가르치는 것이 아니라, '우리가 발견한 이 놀라운 기회를 당신에게만 보여 준다'는 정보 제공자의 태도를 취하라.

대표가 직접 써라, 영혼을 담아서

디자인은 디자이너에게 맡길 수 있다. 하지만 내용과 논리는 반드시 창업자가 직접 짜야 한다. 남이 만들어 준 자료로 발표하면 결정적인 질문이 들어왔을 때 버벅거리게 된다. 사업의 디테일과 철학은 대표의 머리와 가슴에서 나와야 한다. 투박하더라도 당신의 언어로 써라. 그래야 발표장에서 눈빛이 흔들리지 않는다.

팩트와 의견을 구분하라

"내 생각에 대박 날 것 같다"는 의견이고, "지난달 재구매율이 40퍼센트 올랐다"는 팩트다. 모든 데이터와 이미지, 도표는 반드시 출처를 밝혀라. 공신력 있는 기관의 자료라면 더 좋다. 근거 없는 낙관론이나 개인적인 '뇌피셜'은 배제해야 한다. 팩트와 의견을 혼동하는 순간 당신은 사업가가 아니라 몽상가가 된다.

오타는 당신의 얼굴에 침을 뱉는다

맞춤법, 띄어쓰기, 영문 오타, 깨진 폰트. 사소해 보이지만 치명적이다. '사업 계획서 하나 꼼꼼히 못 챙기는 사람이 회사는 어떻게 운영하겠어?'라는 인상을 준다. 오타 하나가 당신의 지적 수준과 신뢰도를 바닥으로 떨어뜨릴 수 있음을 명심하라. 제출 전 최소 3번은 검토하라.

최고의 교과서는 합격한 선배의 자료다

백지 상태에서 끙끙대지 말자. 구할 수만 있다면 비슷한 산업의 선배 기업이나 경쟁사의 사업 계획서를 입수해서 벤치마킹하라. 목차 구성은 어떻게 했는지, 시장 규모는 어떻게 산정했는지, 팀 소개는 어떻게 했는지 뜯어보라. 단, 참고하되 절대 그대로 베끼지는 마라. 그들의 논리를 이해하고 내 것으로 소화해야 한다.

이 모든 팁의 목적은 단 하나다. 투자자가 사업 계획서를 덮고 나서 전화를 들게 만드는 것이다.

"한번 만나 보고 싶은데?"

아이템, 시장성, 팀의 매력이 종이를 뚫고 나와야 한다. 문서는 계약서가 아니다. 당신과의 미팅을 잡기 위한 초대장임을 잊지 마라.

바닷물을
끓이지
마라

창업 멘토링 현장에서 초기 창업자를 만나다 보면 유독 마음 쓰이는 부류가 있다. 이들은 눈빛부터가 다르다. 개인의 부귀영화나 명예욕보다는 '이 사회의 모순을 해결하고 싶다', '환경 문제를 기술로 극복하겠다', '소외된 이웃에게 기회를 주겠다'는 숭고한 사명감으로 무장한 사람들이다. 업계에서는 이들을 '임팩트 기업가' 또는 '착한 창업가'라고 부른다.

하지만 아이러니하게도 스타트업이라는 정글에서 가장 먼저 쓰러지고 가장 고통스럽게 실패하는 이들 역시 이 착한 창업가들인 경우가 많다. 완벽한 비전과 선한 의도를 가졌음에도 왜 처참하게 실패하는가? 그 이유는 역설적이게도 그들이 선함 때문에 비즈니스의 본질인 수익성을 죄악시하거나, 차

순위로 미뤄서다. 선한 의도로 인해 잔인한 현실에 대응을 못 하게 된 것이다. 이것이 바로 착한 창업가의 딜레마다.

스마트팜으로 기아 문제를 해결하려던 C 씨의 눈물

어려서부터 남을 돕는 일에 앞장섰던 창업자 C 씨는 전 세계적인 기아 문제에 깊은 관심을 가졌다. 2020년에 유엔이 발간한 보고서에 따르면 전 세계 인구의 약 9퍼센트인 6억 8,000만 명이 굶주리고 있다는 사실이 그에게 큰 충격과 소명 의식을 줬다. 그는 이 거대한 인류의 난제를 자신의 기술로 해결해 보겠다며 스마트팜smart farm 스타트업을 창업했다.

스마트팜은 정보 통신 기술을 활용해 시공간의 제약 없이 작물의 생육 환경을 원격으로 제어하는 첨단 농업 방식이다. 빅 데이터로 최적의 생육 조건을 찾아내 생산량을 획기적으로 늘리고 노동력은 줄일 수 있는, 그야말로 미래 농업의 핵심 기술이다. 시작은 완벽해 보였다. 인류를 구하겠다는 숭고한 비전, 뛰어난 기술력, 그리고 의기투합한 우수한 팀원들까지. 하지만 그 꿈이 현실의 벽에 부딪히는 데는 딱 6개월이 걸렸다.

초기 자금은 바닥이 났고, 당장 다음 달에 직원 월급을 줄 돈이 없었다. C 씨는 '좋은 취지로 시작했으니 도와주는 사람이 있겠지'라는 순진한 기대로 지인들과 투자자들을 찾아다녔다. 하지만 돌아온 대답은 냉혹했다.

"대표님, 뜻은 정말 훌륭합니다. 하지만 수익 모델이 없네요. 투자금을 회수할 길이 보이지 않아 투자는 어렵겠습니다."

결국 그는 세상을 구하기는커녕 자신을 믿고 따라온 팀원들의 생계조차 책임지지 못하는 무능한 리더가 되고 말았다. 전형적인 비전 과잉, 현실 감각의 결여 상황이다.

냄비의 물을 끓일 것인가, 바닷물을 끓일 것인가?

비즈니스 세계에는 '보일 더 오션 boil the ocean'이라는 용어가 있다. 직역하면 '바닷물을 끓이다'라는 뜻이다. 냄비에 담긴 물은 성냥불 하나로도 펄펄 끓일 수 있지만, 태평양 바닷물은 지구상의 모든 연료를 쏟아부어도 1도조차 올리기 힘들다. 즉, 자신의 역량에 비해 너무 광범위하거나 실현 불가능한 목표를 세워 자원을 낭비하는 것을 경계하는 말이다.

이 용어는 스타트업 세계에서 뼈아픈 조언으로 통한다. 기술력도, 자본력도 빈약한 초기 스타트업이 '전 세계 환경 문제를 해결하겠다', '아프리카 난민 기아를 제로로 만들겠다'고 덤비거나, 이미 구글이나 애플 같은 거인들이 선점한 시장에 뛰어들어 계란으로 바위를 치려 할 때 투자자들은 "바닷물을 끓이려 하지 마라"라고 말한다. 그것은 도전이 아니라 무모함이고, 용기가 아니라 만용이다.

착한 기업의 함정, 의도가 좋다고 결과가 좋은 것은 아니다

물론 대한민국에도 사회적 기업이 늘어나고 있다. 취약 계층에게 일자리를 제공하고 지역 사회에 공헌하며, 재무적 이익과 사회적 가치를 동시에 추구하는 임팩트 투자impact investment 시장도 커지고 있다. 비단 법적인 인증을 받지 않더라도 다양한 사회 문제를 해결하려는 소셜 벤처가 많아지는 것은 분명 우리 사회가 성숙하고 있다는 긍정적인 신호다.

하지만 선의가 있다고 해서 사업이 잘된다는 보장이 없다는 점이 문제다. 사회적 가치를 추구한다는 명분 아래 마땅한 수익 모델 없이 창업자의 개인 돈이나 정부 지원금으로 연명하는 좀비 기업들이 너무 많다. '우리 회사는 좋은 일을 하니까 돈은 좀 못 벌어도 이해해 줄 거야'라는 생각은 위험하다. 돈을 못 버니 직원을 뽑을 수 없고, 있는 직원에게도 열정 페이를 강요하게 되며, 결국 회사는 말라 죽는 악순환에 빠진다.

최고의 사회적 가치는 고용을 창출하고 월급을 제때 주는 것이다

요즘처럼 경기가 어렵고 구조 조정이 일상화된 시대에 스타트업이 실현할 수 있는 가장 위대하고 숭고한 사회적 가치는 무엇일까? 물론 기부나 봉사를 하거나 환경 캠페인을 벌이는 것도 의미 있다. 하지만 그보다 더 중요한 가치는 바로 직원을 채용하고, 그들에게 약속된 날짜에 창피하지 않은 수준의 급여를 밀리지 않고 주는 것이다.

직원의 월급은 단순한 돈이 아니다. 한 가정의 생계이자 아이들의 교육비이며 노부모의 병원비다. 직원 한 명에게 월급을 준다는 것은, 그 직원의 생계뿐만 아니라 그 뒤에 있는 배우자, 아이들, 부모님의 삶을 지탱하는 일이다. 가정이라는 안정된 토대 위에서 개인은 미래를 설계하고 행복을 꿈꿀 수 있다. 이것보다 더 확실하고 직접적인 사회 공헌이 어디 있는가?

대표가 수익 모델을 만들지 못해 월급을 체불하는 순간 당신이 꿈꾸던 선한 영향력은 가장 가까이에 있는 동료들의 삶을 파괴하는 악한 영향력으로 변질된다.

투자자들 역시 마찬가지다. 실현 불가능한 원대한 꿈을 꾸는 몽상가보다는 작지만 확실한 문제를 해결하며 생존 가능 경영을 증명하는 현실가를 선호한다. 작은 스타트업이 바닷물을 끓이려 들면 바다가 끓기 전에 본인부터 증발해 버린다.

수익은 탐욕이 아니라 책임이다

착한 창업가들이 빠지는 또 다른 함정은 돈을 버는 것에 대한 막연한 거부감이다. 그들은 수익 모델을 짜고 고객에게 돈을 요구하는 것을 속물적인 행위로 치부하거나, '일단 무료로 서비스를 하다 보면 언젠가 좋은 날이 오겠지'라는 안일한 태도를 취한다.

그러나 스타트업 생태계에서 매출과 이익은 탐욕의 결과물이 아니라 기업이 지속하기 위해 필요한 산소와 같다. 산소가 없으면 사람이 죽고 이익이 없으면 기업은 죽는다. 죽은 기업은 그 어떤 사회적 가치도 창출할 수 없다.

'지속 가능 경영'이라는 사치, '생존 가능 경영'이라는 현실

대기업들이 표방하는 ESG(환경·사회·지배 구조) 중심의 '지속 가능 경영'

은 어쩌면 스타트업 입장에서는 배부른 소리일 수 있다. 다음 달 어떻게 될지 모르는 스타트업에게 필요한 것은 '생존 가능 경영'이다.

생존 가능 경영이란 월 매출이 월 비용(고정비+변동비)을 초과해 외부 투자금 없이도 스스로 자생할 수 있는 상태를 만드는 것이다. 소셜 벤처든 임팩트 스타트업이든 예외는 없다. '사회적 기업이니까 정부가 지원해 주겠지', '사용자만 모으면 기업들이 광고를 주겠지'라는 막연한 기대를 버려야 한다. 언젠가 정부 지원금은 끊기고, 광고주는 트래픽이 없는 곳에 돈을 쓰지 않는다.

바퀴벌레 같은 생명력으로 버텨야 한다. 투자금이 말라 가는 죽음의 계곡을 건너기 위해서는 이상적인 비전보다는 당장 1,000원이라도 벌어들이는 구질구질한 수익 모델이 백배 낫다. 살아남아야 기회도 온다. 망해 버린 회사의 비전은 휴지 조각보다 못하다.

착한 창업가가 갖춰야 할 진짜 덕목은 차가운 머리다

그렇다면 착한 창업가는 어떻게 해야 하는가? 그 뜨거운 심장을 버려야 하는가? 아니다. 심장은 뜨겁게 유지하되 머리는 누구보다 차갑게 식혀야 한다.

첫째, 문제를 쪼개고 좁혀라. 전 세계를 구하려 하지 말고, 내 주변의 작은 문제부터 해결하라. 범위를 좁혀서 확실한 성과를 만들어 내고 그것을 바탕으로 조금씩 영역을 넓혀 가라. 냄비의 물부터 끓이고 그다음에 양동이를 끓여라.

둘째, 수익 모델을 죄악시하지 마라. 고객에게 정당한 가치를 제공하고 그

대가를 받는 것은 비즈니스의 기본이다. '이 좋은 서비스를 유료화하면 욕먹지 않을까?'라고 걱정하지 마라. 당신의 서비스가 진짜 가치 있다면 고객은 기꺼이 지갑을 열 것이다. 만약 돈을 내지 않는다면 그것은 당신이 착해서가 아니라 서비스가 별로이기 때문이다.

셋째, 증명하라. 좋은 취지를 감성에 호소하지 말고, 데이터와 논리로 증명해라. 사업 계획서에 객관적인 시장 분석, 치밀한 경쟁 우위 전략, 구체적인 재무 계획을 담아라. 투자자는 자선 사업가가 아니다. 그들에게 당신의 선함이 얼마나 높은 수익률로 돌아올 수 있는지를 숫자로 설득해야 한다.

힘을 기른 뒤에 세상을 구해도 늦지 않다

작은 영역, 작은 문제부터 시작해라. 컵에 담긴 물부터 확실하게 끓여 내고, 그다음에 양동이, 그다음에 수영장으로 넓혀 가라. 전 세계를 구하겠다는 목표는 우리가 그만큼의 자본과 힘을 갖춘 뒤에 시작해도 늦지 않다. 지금 당장은 거창한 사회적 가치 실현보다 회사를 살리고, 내 옆에 있는 동료의 월급 통장을 지켜 주는 일부터 시작하자. 나의 직원들을 굶기지 않는 것, 그것이 스타트업 대표가 실천할 수 있는 진정한 사회적 가치다.

창업자들을 만날 때마다 꼭 물어보는 질문이 있다.

"대표님, 창업을 왜 하셨나요?"

다양한 답변이 있는데 그중에서도 "선한 영향력을 갖고 싶어서요"라고 답변하는 사람들이 많이 있다. 이런 얘기를 들을때마다 내가 하는 조언은 다음과 같다.

　"선한 영향력을 가지시려면 우선 영향력부터 가지세요. 영향력이 있어야 선한 영향력도 행사할 수 있습니다. 자본주의 사회에서 영향력은 결국 돈입니다."

성과 관리 기술 1
측정할 수 없다면 관리할 수도 없다

성과 관리는 경영의 꽃이자 스타트업이 동아리에서 기업으로 넘어가는 결정적인 관문이다. "측정할 수 없다면 관리할 수 없다"라는 말은 경영학의 아버지라 불리는 피터 드러커가 남긴 말로, 현대 경영과 성과 관리의 핵심을 꿰뚫는 가장 유명한 명언 중 하나다.

감이 아닌 사실로 일하라

리더의 막연한 추측이나 동물적인 감각을 배제하고, 객관적인 데이터를 근거로 의사 결정을 해야 한다. 측정되지 않은 성과는 관리할 수 없고, 관리

되지 않은 성과는 개선할 수 없다. 숫자가 없는 보고는 그저 "열심히 하고 있습니다", "잘될 것 같습니다"라는 주관적인 주장일 뿐이다.

측정할 수 없다면 현재 상태가 좋은지 나쁜지, 목표에 얼마나 근접했는지 알 수 없다. 그저 '열심히 하고 있다', '잘될 것 같다'는 주관적인 느낌만 남게 된다. 상태를 모르니 개선할 방법도 찾을 수 없다. 어디를 고쳐야 할지 모르기 때문에 전략을 수정하거나 자원을 효율적으로 배분할 수도 없다.

측정이 왜 중요할까? 다이어트를 예로 들어 보자. 체중계라는 측정 도구 없이 거울만 보면서 '살이 좀 빠진 것 같은데?'라고 생각한다면 착각일 수 있다. 정확히 몇 킬로그램인지 측정해야 내가 비만인지 정상인지를 객관적으로 진단할 수 있다. 비즈니스도 마찬가지다.

- 현재 위치 파악(진단): 숫자는 우리의 현주소를 냉정하게 보여 준다. 막연한 낙관론을 걷어 내고, 우리가 목표 대비 어디까지 왔는지 정확한 좌표를 찍어 준다.
- 구체적인 목표 설정(방향성): "우리 회사를 성장시키자"라는 구호는 관리할 수 없다. 하지만 "월 매출을 1억 원에서 1억 2천만 원으로 20퍼센트 성장시키자"라는 목표는 관리할 수 있다. 숫자가 생기는 순간, 그것을 달성하기 위한 구체적인 행동 계획이 나온다.
- 개선과 피드백(성장): 측정한 데이터가 있어야 잘한 것과 못한 것을 가려낼 수 있다. 마케팅 비용을 100만 원 썼는데 매출이 얼마나 늘었는지 측정하지 않으면 그 마케팅이 효과가 있었는지 알 길이 없다. 측정이 돼야 비효율을 제거하고 성공 방식을 강화할 수 있다.

형용사를 버리고 숫자를 써라

스타트업 회의실에서 가장 경계해야 할 단어는 '많은', '대부분', '좋은' 같은 형용사다.

- 나쁜 예: "사용자들이 우리 앱을 상당히 좋아하는 것 같아요."
  좋아한다는 기준이 무엇인가? 느낌으로 경영하면 개선점을 찾을 수 없다.
- 좋은 예: "지난달 재방문율이 30퍼센트에서 40퍼센트로 올랐습니다."
  어떤 기능 업데이트 때문에 수치가 올랐는지 역추적해 그 강점을 극대화할 수 있다.

숫자의 함정: 측정할 수 없는 가치도 있다

물론 모든 것을 숫자로만 재단하려는 태도는 경계해야 한다. 이를 '숫자의 함정'이라 부른다. 조직 문화, 직원의 사기, 브랜드의 품격, 디자인의 아름다움 등은 숫자로 딱 떨어지게 측정하기 어렵지만 기업의 운명을 좌우하는 중요한 가치들이다. 측정하기 쉬운 숫자(매출, 방문자 수)에만 집착하다 보면, 측정하기 어렵지만 진짜 중요한 본질을 놓칠 수 있다.

또한 숫자를 맞추기 위해 꼼수를 쓰는 부작용도 주의해야 한다. 예를 들어 고객 센터 상담원에게 통화 시간 단축만 강조하면, 고객의 문제를 해결하기보다 전화를 빨리 끊어 버리는 데 급급하게 돼 결국 서비스 품질이 하락할 것이다.

"측정할 수 없다면 관리할 수 없다"라는 말은 비즈니스를 운이나 직감의 영역에 방치하지 말고, 데이터와 시스템을 통해 통제 가능한 영역으로 가져오라는 뜻이다.

망망대해를 항해하는 스타트업에게 데이터는 길을 잃지 않게 해 주는 나침반이다. 나침반 없이 감으로 항해하는 선장에게 자신의 운명을 맡길 선원이나 투자자는 없다. 막연한 감이 아닌 데이터로 일하는 습관을 들여야 한다.

성과 관리 기술 2
스타트업 지표 보기의 모든 것

경영 회의 시간, 대표가 묻는다.

"이번 달 예상 매출이 얼마인가요?"

- A 팀장: 정확하게는 모르겠지만 지난달보다 많이 오를 것 같습니다. 분위기가 좋습니다.
- B 팀장: 예상 매출은 12억 8,000만 원으로 전월 대비 20퍼센트, 전년 동기 대비 62퍼센트 상승한 수치로 마감될 것입니다.

이어서 고객 만족도에 대해 묻는다.

- A 팀장: 대부분 좋게 평가해 주셨습니다. 다들 만족하는 분위기입니다.
- B 팀장: 5점 만점에 평균 4.6점입니다. 이는 지난 조사 대비 12퍼센트 상승한 수치입니다. 다만 4점 이하를 준 고객 군이 전체의 15퍼센트인데, 이들을 대상으로 심층 인터뷰를 진행해 불만 요소를 파악할 예정입니다.

경영자 입장에서 누구의 말을 신뢰할 수 있을까? 답은 명확하다. B 팀장이다. A 팀장의 보고는 '느낌'이고, B 팀장의 보고는 '사실'이다. 경영은 느낌으로 하는 도박이 아니다. 숫자로 검증하고 데이터로 의사 결정을 내려야 하는 과학이다.

정량적인 데이터 없이는 잘하고 있는지, 못하고 있는지조차 알 수 없다. 검증된 데이터를 중심으로 회사를 관리해야만 실패 확률을 줄이고, 실패하더라도 왜 실패했는지 원인을 찾아 다음 단계로 나아갈 수 있다.

가설에 가설을 더하면 소설이 된다

물론 초기 스타트업은 데이터가 없다. 맨땅에 헤딩하는 시기에는 보편타당한 가설에 대표의 '직관'이라는 조미료를 쳐서 빠르게 실행하고 검증하는 수밖에 없다. 하지만 회사가 조금이라도 커졌는데 여전히 "내 감이 맞아", "내가 예전에 해 봤는데"라며 과거의 성공 경험만 고집하면 위험하다. 이를 소위 '라떼는 말이야' 경영이라 부른다.

시대가 바뀌고 고객이 변하면 성공 방정식도 달라진다. 데이터로 검증하지 않은 가설 위에 또 다른 가설을 쌓아 올리는 행위는 비즈니스가 아니라 소설이 된다. 당신의 목표가 베스트셀러 소설가가 아니라면, 철저하게 데이터 기반으로 사고하는 습관을 들여야 한다.

회사의 나침반, 핵심 성과 지표(KPI)

수많은 데이터 중에서 우리 회사의 생존과 성장에 직결되는 가장 중요한 지표를 KPI라고 한다. KPI는 자동차의 계기판과 같다. 속도가 얼마인지, 기름은 얼마나 남았는지를 알아야 목적지까지 갈 수 있다.

KPI는 고정불변의 법칙이 아니다. 회사의 성장 단계에 따라 계속 바뀐다.

- 초기(사람을 모으는 게 중요할 때): 다운로드 수, 회원 가입 수
- 성장기(실제 사용자가 중요할 때): 월간 활성 사용자, 재방문율
- 성숙기(돈을 버는 게 중요할 때): 매출액, 영업 이익, 고객 생애 가치

중요한 것은 KPI를 수립하는 과정이다. 경영진이 "내년부터 이거 해!"라고 일방적으로 하달하는 KPI는 실패한다.

현장의 목소리를 반영해 직원들과 합의해야 한다. 또한, KPI는 단순히 개인의 숙제가 아니다. 회사 전체가 나아가야 할 북극성과 모든 부서의 KPI가 한 방향으로 정렬돼야 한다.

열심히 하는데 성과가 안 난다면?

직원들이 매일 야근하며 땀 흘려 일하는데 회사가 제자리걸음이라면, 십중팔구 KPI가 잘못 설정됐거나 부서 간의 목표가 엇갈려 있기 때문이다. 마케팅 팀은 고객 유입이 중요 KPI라서 다양한 채널에 광고를 하고, 영업 팀은 매출이 목표라 리베이트와 덤핑을 치고, 재무 팀은 수익성이 목표라 마케팅 팀과 영업 팀을 견제하고, 개발 팀은 안정성이 목표라 새로운 기능을 만드는 데 6개월씩 걸린다면 배는 앞으로 나가지 못하고 제자리에서 빙빙 돌다가 침몰할 것이다. 모든 조직이 한 방향을 바라보게 만드는 것, 그것이 KPI 관리의 핵심이다.

스타트업
지표 사전

산업마다 다르지만, IT 기반의 스타트업이라면 다음의 지표들을 대시 보드에 띄워 놓고 매일, 매주, 매월 점검해야 한다.

웹 서비스(Web Service)

홈페이지나 웹 플랫폼을 운영한다면 트래픽의 양과 질을 봐야 한다.

- PV$^{\text{Page View}}$: 페이지 뷰. 고객이 우리 웹사이트의 페이지를 열어 본 총 횟수.

- UV$^{\text{Unique Visitor}}$: 순 방문자 수. 중복을 제외하고 실제 몇 명이 들어왔는가?

- DT$^{Duration\ Time}$: 체류 시간. 고객이 우리 서비스에 머무른 시간. 길수록 볼 거리가 많다는 뜻이다.
- 이탈률$^{bounce\ rate}$: 들어오자마자(첫 페이지만 보고) 나간 비율. 이 수치가 높다면 랜딩 페이지가 매력적이지 않다는 뜻이다.
- 유입 경로$^{traffic\ source}$: 유입 채널. 검색해서 들어왔는가, SNS를 타고 왔는가?

애플리케이션 서비스(App Service)

앱은 설치 수보다 사용 빈도가 중요하다.

- DAU$^{Daily\ Active\ Users}$: 일간 활성 사용자 수. 하루에 몇 명이 쓰는가?
- MAU$^{Monthly\ Active\ Users}$: 월간 활성 사용자 수. 한 달에 몇 명이 쓰는가?
- Stickiness^{고착도}: DAU를 MAU로 나눈 값. 우리 앱에 얼마나 중독돼 있는가?
- CAC$^{Customer\ Acquisition\ Cost}$: 고객 획득 비용. 마케팅비 100만 원을 써서 100명을 모았다면 CAC는 1만 원이다.
- LTV$^{Lifetime\ Value}$: 고객 생애 가치. 한 명의 고객이 평생 우리에게 얼마를 벌어다 주는가? (CAC보다 LTV가 높아야 돈을 번다.)
- AARRR: '해적 지표'라고도 불리며, 획득^{Acquisition}, 활성화^{Activation}, 재사용^{Retention}, 매출^{Revenue}, 추천^{Referral}의 5단계 퍼널^{funnel}을 분석하는 기법을 말한다.

이커머스(E-commerce)

결국은 구매와 매출로 이어지는 전환율이 핵심이다.

- CVR^{Conversion Rate}: 구매 전환율. 방문자 중 몇 퍼센트가 실제 결제를 했는가?
- ARPPU^{Average Revenue Per Paying User}: 결제 유저당 평균 매출액. 객단가라고도 한다.
- 재구매율^{Retention Rate}: 한 번 산 사람이 또 사는 비율. 이커머스의 생명 줄이다.
- 장바구니 이탈률: 장바구니에 담고 결제하지 않은 비율. 이 수치가 높다면 결제 과정이 불편하거나 가격이 비싼 것이다.

성장 지표(Growth Metrics)

단순한 수치보다 추세를 봐야 한다.

- MoM^{Month on Month}: 전월 대비 증감률. 단기적인 성장세를 볼 때.
- QoQ^{Quarter on Quarter}: 전 분기 대비 증감률.
- YoY^{Year on Year}: 전년 동기 대비 증감률. 계절성이 있는 사업은 반드시 YoY를 봐야 정확하다.

5장

스타트업 투자 유치 받기

START UP
START UP
START UP
START UP
START UP

최고의 투자처를 찾는 법

본격적인
장거리 레이스,
스타트업 투자 유치

뉴스를 보면 여전히 수백억, 수천억 원의 투자가 오가는 것 같다. AI나 딥테크 분야의 잘나가는 스타트업들은 불황을 모르는 것처럼 승승장구한다. 벤처스퀘어나 플래텀 같은 미디어 플랫폼에 들어가 보면 나만 빼고 다들 투자를 척척 받아 내는 것 같아 조바심이 나고 상대적 박탈감마저 든다.

하지만 현실을 직시해야 한다. 지금은 2020~2021년처럼 돈이 풀리던 유동성 파티 시절이 아니다. 금리는 올랐고 투자자들의 지갑은 닫혔다. 뉴스에 나오는 저 화려한 기업들은 전체 스타트업 생태계에서 0.1퍼센트도 안 되는 슈퍼 루키들이다. 나머지 99.9퍼센트의 창업자들에게 투자 유치는 살면서 경험해 본 일 중 가장 자존심 상하고, 피를 말리는 고통스러운 여정이다.

통계로 보는 잔혹한 현실: 투자 유치 확률 0.55퍼센트

막연하게 어렵다고 하는 게 아니다. 통계가 증명한다. 중소벤처기업부가 2025년 2월 발표한 〈2024년 창업 기업 동향〉 보고서를 보면 한국의 전체 창업 기업 수는 1,182,905개라고 한다. 여기서 창업 기업은 일반적으로 영업 활동을 하고 있는 기업 전체를 말하며, 스타트업뿐만 아니라 일반 법인과 소상공인 같은 개인 사업자 모두를 포함한다. 참고로 기술 기반의 스타트업은 약 21만 개 수준이고 이 중 2025년 한 해 투자받은 기업의 수 1,155개(출처: 더브이씨)로 계산을 해 보면 대략 0.55퍼센트 수준이다. 100개의 회사가 창업하면 그중 1개도 안 되는 기업이 투자를 받고, 나머지 99개는 자기 자본으로 버티거나 빚을 내거나, 조용히 사라진다는 뜻이다. 투자는 마라톤에서 완주만 하면 받는 메달이 아니라 수만 명의 참가자 중 톱 3 안에 들어야 받는 상금과 같은 것이다.

투자 유치는 단거리가 아니라 마라톤이다

투자 시장이 얼어붙으면서 투자 유치에 걸리는 시간도 훨씬 길어졌다. 과거에는 3~6개월이면 끝났던 과정이 이제는 최소 6개월에서 1년 가까이 걸린다. "돌다리도 두드려 보고 건넌다"라는 속담이 있는데 투자자들은 돌다리를 두드려 보고도 웬만하면 건너지 않는다. 검증 과정은 까다로워졌고, 기업 가치를 깎는 '다운라운드down-round' 요구도 빈번하다.

이 기간은 창업자에게 지옥과 같다. 수십 번 거절당하고, 자금 압박에 시달리며, 회사의 존폐를 고민해야 한다. 그렇기 때문에 런웨이 관리가 생명이다. 다수의 스타트업이 통장 잔고가 2~3개월 남았을 때 허겁지겁 투자자를 찾는다. 이렇게 절박한 상황에서 별다른 전략 없이 투자 유치를 하는 것은 벼랑 끝에서 물건을 파는 것과 같다. 사는 사람(투자자)은 급할 게 없으니 헐값을 부르게 되고 파는 사람(창업자)은 그 조건을 수락할 수 밖에 없다.

시간이 누구의 편이냐에 따라, 대안이 있느냐에 따라 협상의 결과물이 달라지고 회사가 존폐 위기까지 갈 수도 있다. 현재의 매출과 비용 구조, 자금 소진 속도를 계산해서, 현금이 바닥나기 10개월 전, 넉넉하게는 12개월 전부터 투자 유치에 돌입해야 한다. 그래야 협상 테이블에서 조건이 안 맞으면 안 받겠다는 배짱이라도 부릴 수 있다. 시간이 곧 돈이고 권력이고 협상력이다.

밖에서는 돈을 구하고 안에서는 성장을 만드는 올라운더 대표

만약 1년 동안 발버둥 쳤는데도 투자를 못 받았다면 현실을 인정해야 한다. 지금 당신의 회사는 투자 매력이 없거나 시장 상황이 너무 안 좋은 것이다. 이때는 억지로 문을 두드리기보다 사업을 제로 베이스에서 재검토하거나, 피버팅을 하거나, 생존을 위한 수익 모델을 먼저 만들어야 한다.

가장 위험한 것은 '투자 올인'이다. 대표가 IR을 하는 데만 매달려서는 안 된다. 투자가 진행되는 긴 시간 동안에도 회사의 지표는 성장해야 한다. 투자 심사 역은 미팅하는 몇 달 동안에도 '이 회사가 지난달보다 성장했는가?'를 체크한다. IR 덱에 있는 지표는 이미 과거 자료이고, 앞으로의 성장 가능성에 대한 근거가 필요하기 때문이다. 대표가 밖에서 총알(자금)을 구하러 다니는 동안에도 소는 키워야 한다. 그 성과가 대표의 가장 강력한 무기가 된다.

시작하기 전에
알고 가자!
투자의 본질

스타트업 신에서 흔히 듣게 되는 '투자 유치^{IR}'는 종종 '펀딩^{funding}'이나 '펀드레이징^{fundraising}'이라는 용어와 혼용된다. 의미상 큰 차이는 없으니 상황에 맞게 사용하면 된다.

투자 유치를 한 문장으로 정의하면 '우리 회사의 미래 가치를 담보로 현재의 타인 자본을 모집하는 행위'다. 조금 더 쉽게 풀면, 투자자에게 "우리 회사가 앞으로 대박이 날 거니까, 지금 자금을 지원해 주세요. 대신 회사가 성장하면 그 과실을 나눌 수 있는 주식이나 이자를 드릴게요"라고 제안하는 것이다. 전문적인 용어로는 엔젤 투자자나 벤처 캐피털에 기업의 주식, 전환사채^{CB}, 신주 인수권부 사채^{BW} 등을 인수시켜 자본에 참여하게 만드는 자본

조달 과정을 말한다.

어떤 자본으로 운영할 것인가?

사업을 운영하다 보면 필연적으로 외부 자금이 필요한 순간이 찾아오는데, 이때 회사가 자금을 조달하는 방식은 크게 남의 돈을 빌리는 '타인 자본'과 회사의 지분을 나눠 주고 투자를 받는 '자기 자본'으로 나뉜다. 먼저 타인 자본은 은행 대출이나 신용보증기금, 기술보증기금의 보증서를 담보로 자금을 융통하는 방식이다. 이 방식은 지분 희석이 없어 돈을 아무리 많이 빌려도 회사의 주식은 100퍼센트 창업자의 소유로 남는다는 장점이 있다. 덕분에 회사가 성장했을 때 그 과실을 온전히 가져갈 수 있고 경영권 간섭 없이 독자적인 의사 결정을 내릴 수 있다. 하지만 사업의 성패와 무관하게 매달 이자를 내고 만기 시 원금을 갚아야 한다는 치명적인 단점이 존재한다. 만약 사업이 실패하면 빚은 끝까지 남아 창업자를 신용 불량자로 만들 수도 있다.

반면 자기 자본은 회사의 주식을 투자자에게 팔아서 자금을 마련하는 방식, 즉 우리가 흔히 말하는 투자 유치를 뜻한다. 이 방식은 원금 상환이나 이자 납부의 의무가 없다는 것이 가장 큰 장점이다. 또한 좋은 투자자를 만나면 자금뿐만 아니라 그들의 네트워크와 정보, 경영 노하우 같은 혜택을 함께 얻을 수 있다. 그러나 세상에 공짜는 없듯이 내 회사의 소유권인 지분을 떼줘야 한다는 명확한 대가가 따른다. 지분을 넘긴다는 것은 회사의 주인 자리를 일부 양보한다는 뜻이다. 추후 이익이 발생했을 때 이를 투자자와 나눠야 하고 경영 간섭을 받을 여지도 생긴다. 참고로 예비 창업자는 아직 법인이 없어 주식을 발행할 수 없으므로, 개인 명의로 무리하게 자금을 조달하기보다는 법인을 설립한 이후에 본격적으로 진행하는 것이 회계나 지분 문제 없이 깔끔하다.

주식 거래 방식

투자를 받기로 결정했다면 주식을 어떤 방식으로 넘길 것인지도 중요하다. 주식 거래 방식은 크게 '구주 매각'과 '신주 발행'으로 나뉘는데, 핵심은 돈이 누구의 주머니로 들어가는가에 있다. 구주 매각은 창업자가 이미 보유하고 있던 주식을 투자자에게 파는 것으로, 주식 대금이 회사가 아닌 창업자 개인의 통장으로 들어간다. 회사의 자본금이 늘어나는 것이 아니라 주인의 이름만 바뀌는 형태이므로 주로 회사가 상장하거나 M&A 될 때, 혹은 창업자가 엑시트해 현금을 확보할 때 사용한다. 초기 투자에서 투자자들이 이를 기피하는 이유는 회사를 키우라고 준 돈을 대표가 개인적으로 챙기는 모양새가 될 수 있기 때문이다.

이에 반해 신주 발행은 회사가 새로운 주식을 찍어 내서 투자자에게 배정하는 방식이다. 이때 투자금은 창업자 개인이 아닌 회사 법인 통장으로 입금돼 회사의 자본금이 늘어나게 된다. 이렇게 들어온 돈은 오직 회사의 성장과 사업 운영을 위한 용도로만 쓰이므로, 스타트업 투자 유치의 99퍼센트 이상은 바로 이 신주 발행 방식을 통해 이뤄진다. 투자자 입장에서도 자신이 투자한 돈이 고스란히 회사의 성장을 위한 연료로 쓰이기 때문에 초기 기업 투자에서는 신주 발행이 가장 일반적이고 합리적인 선택이라 할 수 있다.

투자의 이유는 생존과 성장뿐이다

사실 투자를 받는 이유는 뻔하다. 돈이 없기 때문이다. 대부분의 스타트업은 소자본으로 시작한다. 아이디어는 있지만 그것을 구현할 개발자 인건비, 사무실 임대료, 서버 비용, 마케팅비는 숨만 쉬어도 나간다. 매출은 0인데 비용은 매달 수천만 원이 든다. 이를 '번 레이트burn rate'라고 한다.

스타트업은 필연적으로 '의도한 적자' 구간을 지나야 한다. 폭발적인 성장을 위해서는 돈을 쏟아부어 시장을 선점하고 기술을 개발해야 하기 때문이다. 이때 투자는 단순한 돈이 아니라, 성장을 위해 필요한 시간을 사는 비용이다.

투자가 필요 없는 곳에 투자가 몰린다

물론 무조건 투자를 받아야 하는 것은 아니다. 사업이 너무 잘돼서 고객이 주는 돈(매출)만으로도 회사가 굴러가는 행복한 케이스도 있는데 이를 전문용어로 '부트스트래핑bootstrapping'이라고 한다. 부트스트래핑은 자금 조달법이 아니라 운영 방식과 성장 철학에 가깝다. 자본보다 고객, 매출, 비용 통제가 우선순위가 된다. 주요 특징으로는 지분 희석이 없어 창업자의 지분이 100퍼센트에 가깝고 현금 흐름을 중심으로 경영하며 빠른 매출 창출과 비용 구조의 극단적 효율화를 추구한다. 간섭하는 투자자가 없기 때문에 창업자 주도의 의사 결정이 가능하지만 대규모 외부 자본이 투입되지 않아 마케팅이나 인력 확충에는 제약이 따르고 스케일업에 한계가 있다. B2B SaaS, 전문 서비스, 니치 마켓, 초기 고객 확보가 가능하고 CAC가 낮은 모델, 규제 및 인

중 부담이 상대적으로 적은 분야에 적합하다.

부트스트래핑의 대표적인 사례에는 게임 회사 '넥슨'과 패션 회사 '스타일난다'가 있다. 넥슨의 김정주 창업자는 창업 초기 부친의 도움 외에는 외부 투자를 거의 받지 않고 회사를 키워 일본 증시에 상장했다. 또, 스타일난다의 김소희 대표는 로레알 그룹에 회사를 6,000억 원에 매각할 때까지 외부 투자를 한 번도 받지 않았다. 그래서 매각 당시 지분 100퍼센트를 온전히 본인이 가지고 있었다. 스타트업 신에 있는 사람들은 6,000억 원이라는 매각 금액보다, 투자를 한 번도 받지 않고 대표가 지분을 100퍼센트 보유하고 있었다는 사실에 더 놀라고 부러워했을 것이다.

하지만 이런 경우는 정말 희귀한 케이스로 대부분의 스타트업은 생존하고 성장하기 위해 외부의 수혈, 즉 투자가 반드시 필요하다. 그것이 현실이다.

투자를
안 받아도
괜찮을까?

지분을 뺏기는 것이 아까우면서도 왜 많은 창업자들은 기를 쓰고 투자를 받으려 할까? 단순히 통장 잔고를 채우기 위해서만은 아니다. 스타트업이라는 생명체가 죽지 않고 살아남아 결국 거대한 유니콘으로 진화하기 위해 투자는 선택이 아니라 필수로 '성장을 위한 수혈'이기 때문이다. 스타트업이 험난한 투자 유치의 길을 떠나야만 하는 진짜 이유는 다음과 같다.

홀로서기의 한계: 안정적인 '산소 호흡기' 확보

아무리 뛰어난 창업자라도 자기 주머니에 있는 돈만으로는 한계가 있다.

초기에는 퇴직금이나 적금을 깨서 버티지만, 직원 월급 주고 사무실 임대료 내다 보면 자본금은 순식간에 증발한다. 돈이 없으면 대표는 매일 자금 마련에 시달리느라 정작 중요한 사업을 할 수 없다.

투자 유치는 사업 성공에 필요한 자금 중 스스로 마련할 수 없는 부족분을 채워 주는 역할을 한다. 단순히 빚을 돌려막는 게 아니라, 회사가 계획된 로드 맵대로 제품을 개발하고 테스트할 수 있도록 안정적인 런웨이를 깔아 주는 것이다. 곳간이 차 있어야 대표는 돈 걱정 없이 비즈니스의 본질에 집중할 수 있다. 이렇듯 투자 유치는 심리적, 물리적 안정감을 가져다준다.

J 커브를 그리는 연료: 점진적 성장이 아닌 폭발적 성장을 위해

일반 자영업과 스타트업의 가장 큰 차이다. 동네 빵집은 매년 10퍼센씩 꾸준히 성장해도 대단한 성공일 수 있지만, 스타트업은 짧은 시간 안에 시장을 장악하고 수십 배, 수백 배 이상으로 기하급수적으로 성장하는 J 커브를 그려야 한다.

경쟁자보다 빠르게 치고 나가 시장을 선점하려면 막대한 자금이 든다. 기술 개발 속도를 높이고, 공격적인 마케팅으로 사용자를 쓸어 담아야 한다. 자기 돈으로 벌어서 재투자하는 방식으로는 이 속도를 절대 따라잡을 수 없다. 투자는 시간을 단축시키고, 걷던 회사를 뛰게 만들고, 결국 날게 만드는 고농축 연료다.

인재 전쟁의 승리: S급 인재를 모셔 오는 힘

"저희 회사는 유니콘이 될 거예요. 비전을 보고 와 주세요"라는 말은 통하지 않는다. 뛰어난 개발자, 마케터, 디자이너를 데려오려면 그에 걸맞은 대우를 해야 한다. 초기 스타트업이 대기업과 경쟁해서 우수한 인재를 확보하려면, 스톡옵션이라는 당근 외에도 당장 생활이 가능한 경쟁력 있는 연봉을 제시할 수 있어야 한다. 투자금은 바로 이 인재들에게 쓰는 돈이다. 훌륭한 동료 한 명이 회사의 운명을 바꾼다. 투자를 받아야만 그 한 명을 우리 배에 태울 수 있다.

검증 이후의 도약: 마케팅과 글로벌 진출

제품이 시장에서 검증됐다면, 그때부터는 물이 아니라 기름을 부어야 한다. 마케팅에 돈을 쏟아부어 점유율을 극대화해야 하는 시점이다. 마케팅을 하지 않고 입소문만으로 성장하는 기업도 있지만 원하는 수준의 속도가 나오기 어렵다. 또한, 좁은 한국 시장을 넘어 글로벌로 진출하려면 현지화 작업, 해외 지사 설립 등에 천문학적인 비용이 든다. 이 모든 스케일업 과정은 자체 수익만으로는 불가능하다.

신뢰의 증표: 투자는 최고의 브랜딩이다

의외로 간과하는 효과가 바로 '대외 신뢰도 상승'이다. "우리 회사 좋아요"라고 백번 말하는 것보다, "우리 회사, ○○ 벤처 캐피털에서 100억 투자받았습니다"라고 한 번 말하는 게 더 강력하다. 까다롭기로 소문난 전문 투자 기관이 다양한 검증 프로세스와 실사를 거쳐 투자를 했다는 사실 자체가 회사의 기술력과 성장성이 검증됐다는 가장 확실한 보증 수표가 된다. 채용 사이트에 아무리 공고를 올려도 지원을 안 하던 사람들이 투자 유치 기사가 나가면 지원하기 시작하고, B2B 제휴 제안이 먼저 들어올 수도 있으며, 고객들의 신뢰도가 급상승한다. 투자는 그 자체로 가장 강력한 마케팅이자 브랜딩이다. 그리고 무엇보다 중요한 점은, 늘 불안해하던 가족들이 이제 한숨 돌리고 편하게 자게 된다는 것이다.

투자자
유형별 특징과
공략법

예비 창업자나 1년 미만의 극 초기 스타트업에는 '3F' 또는 'FFF'만 투자한다는 말이 있다. 사업 초기에는 가족Family, 친구Friends, 그리고 바보Fools만이 투자를 해 준다는 미국식 유머다. 그만큼 초기 스타트업 투자는 회수 가능성이 낮은, 미친 짓에 가까운 모험이다.

하지만 회사가 성장함에 따라 투자자의 얼굴은 바뀐다. 엔젤 투자자부터 액셀러레이터, 벤처 캐피털, 대기업의 CVC나 전략적 투자까지. 각 단계에 맞는 투자자를 만나야 성장의 가속 페달을 밟을 수 있다. 스타트업에게 투자는 단순히 통장에 돈이 꽂히는 일이 아니라, 누구와 파트너가 돼 미래를 함께할지를 결정하는 행동이다. 지피지기면 백전불태라고 했다. 투자자들의 유형별 특징을 해부해 보자.

엔젤 투자자

벤처 캐피털이 펀드라는 타인의 자본으로 투자를 집행하는 것과 달리, 엔젤 투자자는 대부분 본인의 자본으로 투자한다. 투자 규모는 통상 수천만 원에서 1~2억 원 내외의 소액이며, 기업의 실적보다는 창업자의 비전이나 팀의 열정을 보고 베팅하는 경우가 많다. 2025년 기준으로 한국엔젤투자협회에 등록된 회원 수만 약 1만 3천 명에 이르며, 협회에 등록하지 않고 활동하는 투자자들까지 포함하면 정확한 규모를 예측하기 어려울 정도로 많은 엔젤 투자자가 활동하고 있다.

엔젤 투자의 가장 큰 특징은 의사 결정이 빠르다는 것이다. 자기 돈으로 투자하기 때문에 복잡한 심사 과정 없이 투자자 본인이 좋다고 판단하면 신속하게 투자가 이뤄진다. 하지만 개인적인 성향이 강하게 작용하는 만큼, 투자 이후에 사사건건 경영 간섭을 하거나 반대로 사업에 너무 무관심해 실질적인 도움이 되지 않는 경우도 발생할 수 있다. 과거에는 단순히 자산가들이 주류를 이루었으나, 최근에는 성공한 선배 창업자들이 후배 기업을 육성하기 위해 나서는 '전문 엔젤'이나 여러 명이 함께 투자하는 '엔젤 클럽' 형태가 늘어나는 추세다.

엔젤 투자를 고려한다면 정부의 '엔젤 투자 매칭 펀드' 제도를 적극적으로 활용해야 한다. 이는 엔젤 투자자에게 투자를 받으면 정부가 해당 금액의 1~2배수를 추가로 매칭해 투자해 주는 유용한 제도다. 단, 이 혜택을 받기 위해서는 한국엔젤투자협회나 엔젤투자지원센터를 통해 해당 투자자가 적격 엔젤인지 확인하는 절차가 필수적이다. 한국엔젤투자협회(https://home.kban.or.kr) 사이트를 참고하라.

액셀러레이터

액셀러레이터는 이름 그대로 스타트업의 성장을 가속화하는 역할을 하는 곳이다. 단순히 자금만 투자하는 것이 아니라, 3개월에서 6개월간의 집중적인 보육 프로그램batch을 통해 멘토링, 사무 공간, 네트워킹 등을 패키지로 제공함으로써 초기 기업이 자생력을 갖추도록 돕는다. 2016년 등록제 시행 이후 그 수가 폭발적으로 늘어나 2025년 기준 중소벤처기업부에 등록된 국내 액셀러레이터는 약 470여 개에 달하며, 인프라가 풍부한 수도권에 이 중 70퍼센트가 집중돼 있다.

이들은 주로 시드 단계에서 프리 APre-A 단계의 초기 스타트업을 발굴한다. 투자 금액은 보통 5천만 원에서 1억 원 내외로 벤처 캐피털에 비해 적은 편이지만, 액셀러레이터가 제공하는 핵심 가치는 돈보다는 보육 그 자체에 있다. 대부분 기수별로 기업을 선발해 운영하며, 프로그램 마지막에는 데모 데이를 개최해 후속 투자를 유치할 수 있도록 벤처 캐피털이나 엔젤 투자자와 연결해 주는 가교 역할을 한다. 프라이머, 스파크랩, 매쉬업엔젤스, 블루포인트파트너스 등이 국내의 대표적인 액셀러레이터로 꼽힌다.

액셀러레이터의 지원을 받을 때 고려해야 할 점은 초기 지분 5~10퍼센트를 요구한다는 것이다. 매출도 없는 극초기 단계에서 기업 가치를 10억 원

미만으로 산정해 지분을 넘기는 것이 창업자 입장에서는 아깝게 느껴질 수도 있다. 하지만 훌륭한 액셀러레이터를 만나면 그들이 보유한 강력한 네트워크와 멘토링 효과를 통해 혼자 성장할 때보다 기업 가치를 10배 이상 빠르게 키울 수 있으므로, 지분 제공이 비용인지 성장을 위한 투자인지 냉철하게 판단해야 한다. 초기투자액셀러레이터협회(https://www.k-aia.or.kr) 사이트를 참고하라.

벤처 캐피털

벤처 캐피털은 개인의 자산이 아닌 국민연금, 금융 기관, 대기업 등 거대 출자자들의 자금을 모아 수백억 원에서 수천억 원 규모의 펀드를 결성하고 이를 전문적으로 운용하는 투자 회사다. 엔젤 투자자나 액셀러레이터가 창업 초기 단계에 씨앗을 뿌리는 역할이라면, 벤처 캐피털은 기업이 제품과 서비스를 시장에 내놓고 본격적으로 지표를 증명하기 시작하는 단계에서 많이 만나게 되는 핵심 파트너다.

이들의 존재 목적은 자선 사업이 아니라 철저하게 펀드 수익을 창출하는 데 있다. 통상 7~8년으로 정해진 펀드 만기 내에 기업 공개나 인수 합병을 통해 투자금을 회수하고 출자자들에게 수익을 돌려줘야 하는 압박이 존재한다. 이 때문에 벤처 캐피털은 당장의 안정적인 매출보다는 빠르게 스케일업 하면서 시장을 장악할 수 있는 폭발적인 성장 잠재력을 집요하게 검증한다. 실패할 확률이 높더라도 단 한 번의 거대한 성공으로 펀드 전체의 수익을 견인할 수 있는 기업을 찾는 것이 그들의 생존 방식이기 때문이다.

국내 벤처 캐피털 시장은 지속적으로 성장해 2025년 기준 등록된 운용사 수만 460여 개를 넘어섰다. 최근 고금리 기조와 경기 침체 장기화로 인해 과거와 같은 '묻지 마 투자'는 사라지고 옥석 가리기가 심화됐으나, 생성형 AI, 로봇, 딥테크, 기후 테크 등 미래 성장 동력이 확실한 분야에는 여전히 막대한 자금이 집중되고 있다. 전체적인 투자 심리는 보수적으로 변했지만, 확실한 기술력과 시장성을 가진 기업을 향한 투자는 오히려 더 과감해지는 양극화 현상이 뚜렷하다.

투자 유치를 희망하는 창업자가 명심해야 할 점은 벤처 캐피털이라고 해서 다 같지는 않다는 것이다. 바이오 전문, 콘텐츠 전문, 소부장(소재·부품·장비) 특화, 초기 기업 전용 등 투자 회사마다 주력으로 하는 분야와 단계가 명확히 나뉘어 있다. 따라서 무턱대고 지원하기보다는 '더브이씨'나 '혁신의 숲' 같은 데이터 플랫폼을 활용해 우리 회사의 산업군에 투자한 이력이 있거나 관련 펀드를 운용 중인 심사 역을 찾아 공략하는 것이 승률을 높이는 지름길이다. 한국벤처캐피탈협회(https://www.kvca.or.kr), 더브이씨(https://thevc.kr), 혁신의숲(https://www.innoforest.co.kr) 사이트를 참고하라.

재무적 투자자
VS
전략적 투자자

투자를 받을 때는 투자자가 어떤 목적으로 투자하는지 파악하는 것이 우선이다. 투자자는 목적에 따라 오직 수익을 좇는 '재무적 투자자^{FI, Financial Investor}'와 시너지를 추구하는 '전략적 투자자^{SI, Strategic Investors}'로 나뉜다.

먼저 재무적 투자자는 "쇼 미 더 머니^{Show me the money}"라는 말로 요약된다. 이들의 핵심 목적은 오직 투자 수익이며, 기업의 지분을 싸게 사서 비싸게 파는 것이다. 대부분의 벤처 캐피털, 자산 운용사, 사모 펀드가 여기에 해당한다. 재무적 투자자의 장점은 경영에 깊게 관여하기보다는 회사가 잘 성장해서 기업 가치가 오르는 것 자체에 만족한다는 점이다. 하지만 투자 수익이 최우선인 만큼 실적 압박이 심할 수 있고, 운용하는 펀드의 만기가 다가오면 자금 회수를 강력하게 종용할 수 있다는 단점이 있다.

반면 전략적 투자자는 "우리랑 시너지를 내자"라는 접근 방식을 취한다. 단순한 자금 증식보다는 모기업과의 사업적 시너지를 내거나 신기술을 확보하려는 '오픈 이노베이션open innovation'이 주된 목표다. 대기업이나 중견 기업, 또는 삼성벤처투자나 카카오벤처스, GS퓨처스 같은 기업 주도형 벤처 캐피털이 주체다. 전략적 투자자와 손을 잡으면 대기업의 인프라, 유통망, 기술 지원을 받을 수 있어 확실한 우군이 생긴다는 강력한 장점이 있다. 롯데가 현대택배를 인수하거나 네이버가 우아한형제들에 투자한 것이 대표적인 사례다. 그러나 이는 자칫 독이 든 성배가 될 수도 있다. 특정 대기업의 색채가 강해지면 경쟁사와의 거래가 막히거나 추후 다른 곳으로의 M&A가 어려워질 수 있으며, 드물게는 기술 탈취의 위험도 존재하기 때문이다.

결론적으로 초기에는 엔젤 투자자나 액셀러레이터를 통해 사업의 기틀을 다지고, 본격적인 성장기에는 벤처 캐피털을 통해 자금을 수혈하며, 시장 확장기에는 대기업SI과 손잡아 판을 키우는 것이 교과서적인 투자 유치 로드맵이다. 창업자는 각각의 장단점을 명확히 파악하고, 우리 회사의 현재 단계에 가장 필요한 파트너가 누구인지 전략적으로 선택해야 한다.

벤처 캐피털은
어떻게
움직이는가

손자병법에 나오는 "지피지기 백전불태(상대를 알고 나를 알면 백 번 싸워도 위태롭지 않다)"라는 말은 일상생활이나 기업 경쟁에서 흔히 쓰이지만, 스타트업의 투자 유치 상황에서만큼 뼈저리게 와닿는 경우도 드물다.

투자 유치는 단순히 "우리 회사 좋아요"라고 외치는 웅변 대회가 아니다. 투자를 받고자 하는 벤처 캐피털이 현재 어떤 상황에 처해 있는지, 그들의 펀드 자금은 얼마나 남았는지, 어떤 분야에 투자해야만 하는지를 정확히 간파하고 들어갈 때 성공 확률은 비약적으로 올라간다. 벤처 캐피털이라는 조직이 어떻게 움직이고 무엇을 욕망하는지, 그들의 내밀한 메커니즘을 해부해 보자.

벤처 캐피털은 왜 위험한 스타트업에 투자할까?

벤처 캐피털이 스타트업에 투자하는 이유는 아주 간단하고 명쾌하다. 돈을 벌기 위해서다. 그것도 은행 이자와는 비교도 안 될 만큼 아주 많은 돈을 벌기 위함이다. 모 투자사 대표는 벤처 캐피털을 가리켜 "논리와 이성을 바탕으로 한 투기"라고 정의했다. 최근에는 사회적 가치를 중시하는 임팩트 투자도 늘어나고 있지만, '투자'라는 단어가 붙은 이상 그 어떤 벤처 캐피털도 재무적 수익(엑시트)으로부터 자유로울 수 없다.

창업자는 명심해야 한다. 벤처 캐피털은 자선 단체가 아니다. 그들은 당신의 비전을 응원하는 팬이기 이전에 수익률을 증명해야 하는 냉철한 금융가다. 만약 돈을 버는 데 관심이 없는 벤처 캐피털이나 신기술 사업 금융업자가 있다면, 그들은 냉혹한 자본 시장에서 몇 년 버티지 못하고 도태될 것이다.

자금 말고 무엇을 해 주는가?

그렇다면 벤처 캐피털은 돈만 주는 대부 업체와 무엇이 다른가? 규모가 크고 시스템이 잘 갖춰진 벤처 캐피털은 투자 검토 단계부터 회수(엑시트) 단계까지 기업의 성장을 돕는 전방위적인 서비스를 제공한다. 이를 '컴퍼니 빌딩company building' 또는 '밸류업value-up'이라고 한다.

기술 경쟁력은 뛰어나지만 경영이나 재무가 취약한 초기 스타트업을 위해 C 레벨급 인재 채용 지원, 재무 및 회계 시스템 구축, 법무 이슈 해결, 후속 투자 유치 연결 등 다양한 부가 가치를 제공한다.

또한, 자신들이 투자한 포트폴리오 기업들 간의 네트워크를 형성해 시너지를 창출하거나 새로운 사업 기회를 만들어 주기도 한다. 대표적으로 스파크랩스의 '알럼나이 데이', 본엔젤스의 '다본데이' 등이 있는데 이런 정기 모임을 통해 선배 창업가의 노하우가 공유되고, 기업 간 제휴가 일어나며, 때로는 공동 창업자를 소개받기도 한다. 결국 투자한 스타트업이 잘돼야 벤처 캐피털도 산다. 투자가 집행된 순간부터 벤처 캐피털과 스타트업은 한 배를 탄 운명 공동체가 된다.

벤처 캐피털의 돈은 어디서 나오는가? (LP와 GP의 구조)

벤처 캐피털이 투자하는 거대한 자금이 벤처 캐피털의 돈이라고 생각하면 오산이다. 벤처 캐피털 펀드의 자금 출처를 이해하려면 LP^{Limited Partner}와 GP^{General Partner}의 개념을 명확히 알아야 한다. LP는 우리말로 유한 책임 조합원으로 펀드에 실제로 자금을 대는 소위 '전주錢主'를 말한다. 국민연금, 사학 연금, 공무원 연금, 군인 공제회 같은 거대 연기금이나 시중 은행, 보험사, 그리고 대기업이 주로 LP가 된다. GP는 업무 집행 조합원을 말하는데 펀드를 운용하는 주체, 즉 우리가 만나는 벤처 캐피털이 여기에 해당한다.

결국 창업자가 벤처 캐피털을 설득하듯, 벤처 캐피털도 펀드를 결성하기 위해 전국의 LP들을 찾아다니며 "우리가 이번에 AI 펀드를 만들 건데 수익률 대박 낼 수 있습니다"라고 세일즈를 한다. 결국 증권가의 펀드 매니저와 비슷한 역할이다. 참고로, 펀드를 만들 때 책임 경영과 고통 분담 차원에서 벤처 캐피털 자신들도 펀드 전체 금액의 일정 비율(통상 1~5퍼센트 이상)을 의무적으로 투자해야 한다. 이를 'GP 커미트먼트^{GP Commitment}'이라고 한다.

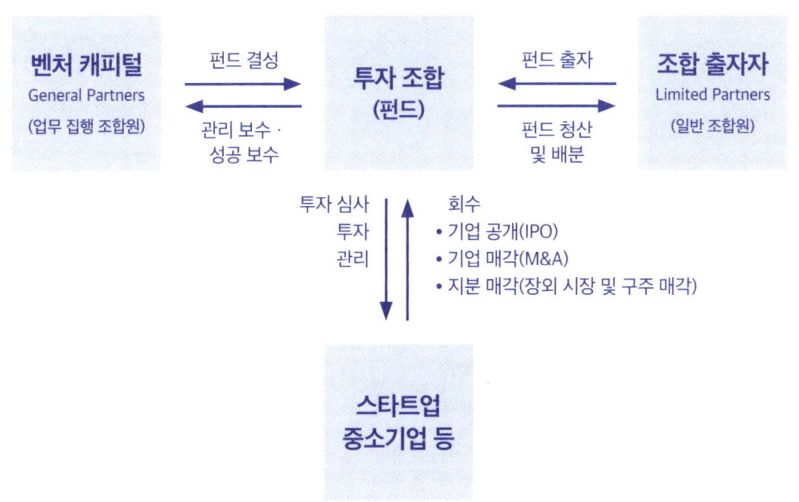

펀드의 종류: 공모 펀드 vs 사모 펀드

자금을 모으는 방식에 따라 펀드는 크게 두 가지로 나뉜다. 공모 펀드^{Public} Fund는 불특정 다수(50인 이상)의 투자자에게 공개적으로 자금을 모집하는 것을 말한다. 공시 의무가 까다롭고 증권사를 통해 모집된다. 사모 펀드^{Private} Equity Fund는 50인 미만의 소수 투자자로부터 비공개적으로 자금을 모집한다. 벤처 투자 조합은 대부분 이 형태며, 최소 투자 금액(보통 1억 원, 3억 원 이 상 등) 제한이 있다.

일부 부유한 파트너들이 자기 돈으로만 투자하는 LLC(유한 책임 회사)형 벤처 캐피털을 제외하고는, 대부분의 벤처 캐피털은 여러 출자자로부터 돈 을 모아 투자 조합(펀드)을 결성하고 그 돈으로 스타트업에 투자한다.

구분	공모 펀드 (Public Fund)	사모 펀드 (Private Equity Fund)
투자자	50인 이상	50인 미만
모집 방식	공개 방식	사적인 방식
투자 모집 규모	대규모	소규모
가입 채널	증권사 영업점, 홈페이지	증권사 PB(Private Banking)
공시 의무	정기·수시 공시	없음
상품 홍보	가능	불가
종목 수	제한	비제한
투자 금액	제한 없음	1억 원 이상
회계 감사	매기 결산마다 회계 감사 실시	투자자의 요청에 의해 실시
예시	미래에셋 부자 아빠 3호 펀드	바이아웃 펀드, 벤처 펀드

스타트업 생태계의 젖줄, 모태 펀드란 무엇인가?

대한민국 벤처 생태계를 이해하려면 '모태 펀드'라는 개념을 알아야 한다. 이름 그대로 '펀드의 어머니'라는 뜻이다. 정부가 세금을 걷어 직접 스타트업에 투자하는 것은 비효율적이고 공정성 시비가 붙을 수 있다. 그래서 정부는 민간 전문가인 벤처 캐피털에게 자금을 맡기는 방식을 택한다. 즉, 모태 펀드는 개별 기업에 직접 투자하는 것이 아니라, 스타트업에 투자하려는 벤처 캐피털의 펀드(자펀드)에 돈을 대 주는, 펀드를 위한 펀드다.

모태 펀드의 목적은 명확하다. 민간 자본이 꺼리는 위험 영역에 정부가 먼저 돈을 풀어 투자를 유도하는 마중물 역할을 하는 것이다. 또한 경기가 어려워지면 민간 투자자들은 지갑을 닫는데 이때 정부가 모태 펀드를 통해 "우리가 먼저 돈을 댈 테니, 민간도 안심하고 들어오라"라고 신호를 준다. 이를 통해 벤처 투자의 불씨가 꺼지지 않고 유지된다.

민간 자본은 당장 돈이 되는 AI나 자율 주행 등의 최신 기술에 몰리는 경향이 있다. 반면 국가적으로 꼭 필요하지만 회수 기간이 긴 소부장, 바이오, 우주 항공, 초기 창업, 지방 기업 등은 소외되기 쉽다. 모태 펀드는 이러한 시장 실패 영역에 전용 펀드를 만들어 자금이 흐르게 강제하는 역할을 한다.

모태 펀드의 구조는 3단계를 거친다. '정부 - 모태펀드 - 자펀드^{Child Fund} - 스타트업'의 흐름이다.

- 출자자: 중소벤처기업부, 문화체육관광부, 과학기술정보통신부 등 정부의 각 부처가 예산을 갹출해 한국벤처투자^{KVIC}라는 공공 기관에 돈을 맡긴다. 이것이 모태 펀드의 재원이다.
- 모태 펀드: 한국벤처투자는 이 돈을 굴릴 운용사, 즉 벤처 캐피털을 모집한다. "이번에 AI 분야에 1,000억 원을 쏠 테니, 투자하고 싶은 VC들은 줄을 서시오"라고 공고를 낸다.
- 자펀드: 심사를 통과한 벤처 캐피털은 모태 펀드에서 받은 돈(앵커 자금, 보통 전체 펀드의 30~60퍼센트)에 민간 자금(은행, 대기업, 연기금 등)을 추가로 매칭해 '벤처 투자 조합'을 결성한다.
- 최종 투자: 이렇게 결성된 자펀드가 비로소 우리 같은 스타트업에게 투자를 집행한다.

따라서 창업자는 모태 펀드에 직접 사업 계획서를 내는 것이 아니라 모태 펀드가 돈을 내려보낸 자펀드 운용사가 어디인지 파악하고 그들을 공략해야 한다.

벤처 캐피털은 무엇으로 먹고사는가?

대한민국에서 가장 똑똑한 인재들이 모인 벤처 캐피털도 땅 파서 장사하지 않는다. 그들의 수익 구조를 명확히 이해해야 왜 그들이 우리에게 무리해 보이는 성장 목표를 요구하는지 알 수 있다. 벤처 캐피털의 수익 모델은 크게 두 가지로 나뉜다.

첫째는 펀드를 운용하는 대가로 받는 고정 수입인 '관리 보수'다. 통상 펀드 전체 약정 금액의 연 2퍼센트 내외를 받는데, 이 돈으로 심사 역 월급도 주고 사무실 임대료도 낸다. 예를 들어 300억 원 규모의 펀드라면 연간 6억 원 정도가 운영비로 쓰이는 셈이다.

둘째는 진짜 돈이 되는 '성과 보수'다. 펀드를 청산할 때 사전에 약속한 기준 수익률(보통 0~8퍼센트)을 초과하는 이익이 발생하면, 그 초과 이익의 20퍼센트 내외를 인센티브로 가져가는 구조다.

여기서 벤처 캐피털의 본질인 '파워의 법칙'이 작동한다. 그들은 적당히 성공한 10개 기업보다 초대박 난 1개 기업을 원한다. 가령 200억 펀드로 20억씩 10개 회사에 투자했다고 가정해 보자.

모든 회사가 망하지 않고 10퍼센트씩 수익을 냈다면 고작 20억 수익에 불과하다. 반면 9개 회사가 다 망해서 0원이 되더라도, 단 1개 회사가 10배 대박이 나면 200억 원을 회수해 본전 치기가 가능하다. 만약 그 1개 회사가 배달의민족처럼 100배가 터진다면? 그 펀드는 전설이 된다.

이것이 벤처 캐피털이 안정적인 중소기업보다, 당장은 망할 확률이 높아 보여도 폭발적으로 성장할 유니콘을 찾아 눈에 불을 켜고 헤매는 이유다.

우리 회사에 맞는 벤처 캐피털 찾기

우리 회사에 맞는 벤처 캐피털을 찾는 것도 전략이다. 무턱대고 콜드 메일을 보내기 전에, 해당 벤처 캐피털이 실탄(돈)이 있는지부터 확인해야 한다. 기본적으로 벤처 캐피털 홈페이지에서 심사 역의 프로필, 주요 관심 분야, 포트폴리오를 확인하는 것은 필수다. 더 나아가 '벤처 투자 회사 전자 공시', 일명 'DIVA Disclosure Information of Venture Capital Analysis'에서 '조합 현황'을 검색하면 회사명, 조합(펀드)명, 등록일, 결성 총액, 만기일, 주요 투자 분야 등을 상세히 알 수 있다. 팁을 주자면 펀드 만기일이 1~2년밖에 남지 않은 조합은 신규 투자를 집행하기 어렵다. 결성된 지 3년 이내인 따끈따끈한 펀드를 가진 벤처 캐피털을 공략해야 승산이 있다. 벤처 투자 회사 전자 공시(http://diva. kvca.or.kr) 사이트를 참고하라.

벤처 캐피털 투자의 전설적인 사례

벤처 캐피털 투자의 전설적인 사례를 살펴보자. 이 숫자들은 단순한 기록이 아니라, 벤처 캐피털 산업을 지탱하는 꿈이자 증거다. 본엔젤스는 우아한형제들 초기에 3억 원을 투자한 뒤 무려 3,060억 원을 회수해 약 1,020배의 수익을 올렸다. 케이넷투자파트너스는 크래프톤에 99억 원을 투자해 약 1,300억 원 이상을 회수하며 40배의 잭팟을 터뜨렸다. 한국투자파트너스는 YG엔터테인먼트에 74억 원을 투자해 687억 원을 회수하며 9.3배의 수익을 낸 사례가 있다.

해외 사례는 더 극적이다. 액셀파트너스는 페이스북에 초기 100억 원을 투자해 10조 원을 회수해 1,000배 수익을, 세쿼이아캐피털은 왓츠앱에 600억 원을 투자해 3조 원을 회수해 50배 수익을 기록했다.

벤처 캐피털
투자 프로세스
8단계

앞서 벤처 캐피털의 생리와 메커니즘을 파악했다. 이제는 실전이다. 벤처 캐피털은 어떤 과정을 거쳐 우리 통장에 돈을 입금하는가? 이 과정을 안다면 시험의 족보를 미리 보는 것이다. 성과 없이는 투자도 없다는 대전제를 가슴에 새기고, 평균 6개월에서 1년이 걸리는 이 긴 터널을 무사히 통과하기 위한 8단계 프로세스를 낱낱이 파헤쳐 보자.

1. 딜 소싱: 만남의 시작

스타트업이 투자자를 찾아다니듯, 벤처 캐피털 심사 역들도 될성부른 떡

잎을 찾아 헤맨다. 이를 '딜 소싱'이라고 한다. 대부분은 콜드 메일이나 데모 데이를 통해 만나지만, 사실 가장 확률 높은 방법은 지인 추천이다. 믿을 만한 선배 창업자나 다른 심사 역의 소개로 연결되면 1차 필터링을 통과한 것으로 간주돼 미팅 성사율이 높아진다.

그렇다고 무작정 들이대면 안 된다. 상대방 펀드의 성격(청년 창업, AI 전용, 콘텐츠 전용 등)과 펀드 소진율을 확인해라. 만기가 1년 남은 펀드는 신규 투자를 할 수 없다. 헛물을 켜지 않으려면 공시 자료를 통해, 돈이 있고, 나에게 투자할 수 있는 벤처 캐피털을 골라 타격해야 한다.

2. 경영진 미팅: 탐색전

첫 미팅은 소개팅과 같다. 심사 역은 대표자의 경력과 비전, 그리고 팀의 역량을 본다. 그들은 미팅 후 내부 주간 회의에서 "이 팀을 더 파 볼까요?"라고 보고한다. 여기서 주의할 점은 미팅이 1회로 끝나지 않는다는 것이다. 벤처 캐피털은 몇 달에 걸쳐 주기적으로 만나며 '이 회사가 지난달보다 성장했는가?'를 체크한다.

단순히 시간을 끄는 게 아니다. 당신의 실행력과 성장 속도를 검증하는 과정이다. 그래서 IR 활동을 한다고 본업을 소홀히 해서는 안 되는 것이다. 대표가 IR 활동을 하느라 지표가 꺾이면 투자자는 성장하기 어려운 회사로 판단하고 드롭시킨다.

3. 상세 검토: 검증의 시간

심사 역이 자료를 요청하기 시작했다면 일단 그린 라이트다. 하지만 동시에 심사 역은 가장 깐깐한 검사관으로 돌변한다. 매출 추정치는 합리적인지, 시장 규모는 부풀려진 게 아닌지, 경쟁사 대비 우위가 확실한지 현미경으로 들여다본다.

이때 쏟아지는 수많은 질문에 빠르고 논리적으로 대응해야 한다. 답변이 늦거나 앞뒤가 안 맞으면 신뢰는 순식간에 무너진다. 심사 역이 내부 투자심의 위원회(투심)를 설득할 수 있도록 '논리와 명분(투자 근거)'을 쥐어 줘야 한다.

4. 밸류에이션 및 텀 시트 조율: 몸값 협상

투자를 긍정적으로 검토하면 기업 가치와 투자 금액을 협상한다. 자고로 파는 사람은 비싸게 팔고 싶고, 사는 사람은 싸게 사고 싶은 것이 만고의 진리다.

하지만 무조건 높게 받는 게 능사가 아니다. 이번에 너무 높게 받으면 다음 라운드 투자 때 더 높은 성과를 증명해야 하는 부담이 생긴다. 이를 감당 못 하면 기업 가치를 깎아서 투자받는 '다운라운드'의 굴욕을 겪을 수 있다. 적정 밸류를 찾는 것이 지혜다.

이 단계에서 텀 시트^{term sheet}가 오간다. 계약서 쓰기 전에 주요 조건(금액, 지분율, 이사회 권한 등)을 요약한 합의서다. 참고로 텀 시트는 법적 구속력이 없다. 도장 찍었다고 안심하지 마라. 본계약 전에 얼마든지 깨질 수 있다.

5. 투자 심의 위원회: 최종 관문

일명 '투심'이다. 심사 역이 혼자 결정하는 게 아니다. 벤처 캐피털 대표 이사와 주요 파트너들이 모인 자리에서 스타트업 대표가 최종 IR 피칭을 하고, 날카로운 질문 세례를 받는다. 벤처 캐피털마다 다르지만 보통 만장일치 거나 3분의 2가 찬성해야 통과된다. 가장 피 말리는 시간이지만, 여기까지 왔다면 7부 능선을 넘은 것이다.

6. 실사: 뼈와 살을 분리하다

투심을 통과하면 실사가 시작된다. 회계 법인이 와서 장부를 털어 보는 '재무, 회계 실사'와, 벤처 캐피털 관리 팀이 현장을 방문하는 '현장 실사'가 있다. 여기서 분식 회계나 치명적인 법적 리스크, 허위 사실이 발견되면 투자는 즉시 철회된다. 투심 통과했다고 샴페인 터뜨리고 비싼 사무실 계약했다가 투자가 엎어져서 망한 사례가 수두룩하다. 끝날 때까지 끝난 게 아니다.

7. 투자 계약서 작성: 도장 찍기

수십 장짜리 투자 계약서가 날아온다. 보통 벤처 캐피털 표준 계약서를 쓰는데, 깨알 같은 독소 조항(경영 간섭, 과도한 위약벌 등)이 없는지 변호사나 전문가의 검토를 반드시 받아야 한다. 투자해 주는 것만으로도 감사하다며 넙죽 도장 찍었다가는 나중에 회사를 뺏길 수도 있다.

8. 자금 집행: 진짜 끝, 그리고 새로운 시작

계약서에 날인하고 며칠 뒤, 드디어 법인 통장에 투자금이 입금된다.

"띵동! ○○억 원이 입금됐습니다."

이 알림을 보는 순간 창업자는 생애 최고의 희열을 느낀다. 하지만 그 기쁨은 찰나다. 곧이어 남의 돈을 받았다는 무거운 책임감과 이제 진짜 성과를 내야 한다는 불안감이 엄습할 것이다. 축하한다. 이제 당신은 넥스트 레벨로 진입했고 새로운 게임을 시작해야 한다.

프리 머니
밸류와
포스트 머니 밸류

투자자: 현재 회사의 밸류가 얼마고, 펀딩 금액은 얼마인가요?

대표: 저희 밸류는 100억 원이고, 20억 원을 투자받으려 합니다.

투자자: 알겠습니다. 그럼 20억 원을 투자할 테니 지분 20퍼센트를 주시죠.

대표: 네? 20억 원 투자하시면 지분이 16.6퍼센트가 되는데요? 뭔가 착오가 있으신 듯합니다.

투자자: 혹시 밸류 100억 원을 '포스트post'가 아니라 '프리pre'로 말씀하신 건가요? 그렇다면 다시 검토해야겠네요.

실제로 비일비재하게 일어나는 해프닝이다. 대표는 프리 밸류pre-money value

를 말했고, 투자자는 포스트 밸류post-money value로 알아들었기 때문이다. 이 작은 단어의 차이가 협상 테이블을 엎어 버릴 수도 있다. 도대체 무엇이 다른 걸까?

가격 vs 가치

우선 개념부터 잡자. '가격'은 시장에서 수요와 공급에 의해 결정된 '숫자'다. 상장 주식(삼성전자, 테슬라 등)은 시장에서 실시간으로 거래되는 가격이 정해져 있다. 반면, '가치'는 정해진 가격이 없는 비상장 기업의 내재 가치를 '추정'한 것이다. 창업자는 "우리 회사는 미래에 대박 날 거니까 가치가 높다"라고 주장하고, 투자자는 "리스크가 크니 가치를 낮게 잡아야 한다"라고 방어한다. 결국 스타트업의 밸류에이션은 이 두 시각 사이의 접점을 찾는 합의의 기술이다.

프리와 포스트의 결정적 차이

밸류에이션 협상에서 반드시 구분해야 할 두 가지 개념이 있다. 프리 머니 밸류는 투자받기 전의 기업 가치다. 현재 우리 회사가 가진 순수한 몸값이다. 포스트 머니 밸류는 투자받은 후의 기업 가치다. 즉, '프리 머니 밸류 + 투자금'이 된다. 그렇다면 프리와 포스트가 왜 중요할까? 그것은 선택에 따라 지분율이 크게 달라지기 때문이다. 앞선 대화 상황을 다시 복기해 보자(투자금 20억 원 가정).

- 케이스 A: 프리 밸류가 100억 원일 때

  → 포스트 밸류 = 100억 원(프리) + 20억 원(투자금) = 120억 원

  → 투자자 지분율 = 20억 원 / 120억 원 = 약 16.6퍼센트

- 케이스 B: 포스트 밸류가 100억 원일 때

  → 프리 밸류 = 100억 원(포스트) - 20억 원(투자금) = 80억 원

  → 투자자 지분율 = 20억 원 / 100억 원= 20퍼센트

결과적으로 프리냐 포스트냐에 따라 창업자가 뺏기는 지분이 3.4퍼센트나 차이 난다. 기업 가치가 10억 원일 때 1퍼센트는 큰 차이가 아닐 수 있지만, 밸류가 100억, 1,000억 원이 되면 1퍼센트는 수억, 수십억 원의 가치를 갖는다. 따라서 투자자와 미팅할 때는 반드시 "이 밸류는 프리 기준입니다"라고 명확하게 못 박아야 한다.

스타트업의 밸류에이션: 정답 없는 문제를 푸는 법

많은 창업자가 밸류에이션에 공식이 있다고 착각한다. 매출 얼마면 밸류 얼마, 회원 수 몇 명이면 밸류 얼마라는 식의 정답표는 없다. 특히 초기 스타트업의 가치는 지극히 주관적이고 협상에 의해 결정된다.

물론 뜬구름 잡는 소리만 할 수는 없다. 가장 합리적인 방법은 비교다.

"경쟁사 A가 작년에 회원 수 10만 명일 때 50억 밸류를 인정받았습니다. 저희는 지금 15만 명이고 기술력이 더 좋으니 70억 원은 받아야 합니다."

이런 식으로 동종 업계의 유사한 규모, 유사한 단계의 스타트업 투자 사례를 근거로 제시해야 한다. 절대적인 기준은 아니지만 한국 스타트업 시장에서 통용되는 단계별 밸류 규모는 다음과 같다. 협상 시 참고용 지표로 활용하자. 벤처 캐피털은 보통 한 라운드당 10~20퍼센트의 지분을 가져가기를 원한다. 이 범위를 벗어나면 협상이 어려워질 수 있다. 욕심부려서 밸류를 너무 높게 부르면 투자가 깨지고, 너무 낮게 부르면 지분을 많이 뺏긴다. 시장 상황과 회사의 성장 속도를 고려해 적정선을 찾는 것이 대표의 능력이다.

- 시드~엔젤 단계
  - → 아이디어와 팀만 있는 단계
  - → 밸류: 5억~30억 원 내외
- 시리즈 A 단계
  - → 시제품이 나오고 초기 성과(매출, 트래픽)가 보이는 단계
  - → 투자 규모: 10억~50억 원
  - → 밸류: 50억~200억 원 사이
- 시리즈 B 이후
  - → 본격적인 성장 단계
  - → 밸류: 200억 원 이상(이때부터는 재무제표 기반의 정교한 밸류에이션 기법이 적용됨)
- IPO
  - → 주식 시장 상장
  - → 밸류: PER 등의 상대 가치법을 통해 시장 가격으로 결정됨.

투자 유치 이후
일어나는 일들

창업자들은 투자 금액이 클수록 좋다고 생각하지만, 그만큼 내 지분이 줄어들어 경영권이 위협받을 수 있다는 사실을 간과해서는 안 된다. 투자 금액과 지분의 상관관계를 명확히 이해하고, 구체적인 숫자를 대입한 지분 변동 시뮬레이션을 통해 향후 벌어질 일을 이해해야 한다.

투자 금액과 지분의 '암묵적인 룰'

투자자는 자선 사업가가 아니다. 그들은 돈을 주는 대가로 회사의 유의미한 지분을 원한다. 통상적으로 벤처 캐피털은 한 번의 투자 라운드에서

10~20퍼센트 내외의 지분을 확보하는 것을 선호한다. 이 말은 즉 내가 받고 싶은 투자 금액이 있다면 그에 상응하는 기업 가치가 뒷받침돼야 한다는 뜻이다.

만약 내가 10억 원을 투자받고 싶다면? 역산했을 때 우리 회사의 프리머니 밸류가 최소 40~90억 원은 돼야 한다는 암묵적인 합의가 필요하다.

- 정상적인 경우
  - → 프리 밸류 80억 원 + 투자금 20억 원 = 포스트 밸류 100억 원
  - → 투자자 지분율 = 20억 원 / 100억 원 = 20퍼센트(적절함)
- 욕심을 부린 경우
  - → 프리 밸류 80억 원 + 투자금 50억 원 = 포스트 밸류 130억 원
  - → 투자자 지분율 = 50억 원 / 130억 원 = 약 38.5퍼센트(위험함)

회사의 가치는 그대로인데 욕심을 부려 50억 원을 덜컥 받아 버리면, 한번에 지분의 38퍼센트가 날아간다. 이는 향후 후속 투자를 받을 때 창업자의 경영권을 위협하는 치명적인 독이 될 수 있다. 따라서 무조건 투자 금액을 높게 부르는 게 능사가 아니라, 내 지분 방어를 고려한 최적의 균형점을 찾아야 한다.

투자 유치 전후 지분 변동 시뮬레이션

투자받는 것을 단순히 법인 통장에 돈이 찍히는 일로 생각해서는 안 된다.

주주 명부가 바뀌고, 이사회 구성이 바뀌고, 무엇보다 내가 가진 파이의 조각이 작아지는 과정이다. 가상의 스타트업 'A사'의 사례를 통해 투자가 진행될 때 지분이 어떻게 변하는지 시뮬레이션을 해 보자.

(상황 설정)

- 창업: 자본금 8,000만 원(액면가 1,000원 가정 시 총 8만 주 발행)
- 지분 구조: 대표 이사(본인) 60퍼센트, 공동 창업자 B 20퍼센트, 공동 창업자 C 20퍼센트
- 투자 조건: 프리 밸류 40억 원에, 투자금 10억 원 유치 확정

(STEP 1) 주식 가격 산정

먼저 투자자가 1주당 얼마에 들어오는지 계산해야 한다.

- 프리 밸류: 40억 원
- 기존 주식 수: 8만 주
- 1주당 가격 = 40억 원 ÷ 8만 주 = 5만 원

액면가 1,000원짜리 주식이 1년 만에 5만 원의 가치로, 50배 뛰었다.

(STEP 2) 신주 발행 주식 수 계산

투자금 10억 원에 대해 주식을 몇 주 줘야 할까?

- 신규 발행 주식 수 = 투자금 10억 원 ÷ 1주당 5만 원 = 2만 주

최종 지분율 변화

신주 2만 주가 발행됐으므로, 회사의 전체 주식 수는 8만 주에서 10만 주로 늘어난다. 이를 분모로 지분율을 다시 계산해 보자.

구분	투자 전 주식 수	투자 전 지분율	투자 후 주식 수	투자 후 지분율	변동폭
대표 이사	48,000주	60%	48,000주	48%	▼ 12%
공동 창업자 B	16,000주	20%	16,000주	16%	▼ 4%
공동 창업자 C	16,000주	20%	16,000주	16%	▼ 4%
투자자 (벤처 캐피털)	-	-	20,000주	20%	▲ 20%
합계	80,000주	100%	100,000주	100%	-

위 표에서 보듯, 창업자가 가진 주식 수는 단 1주도 줄어들지 않았다. 하지만 전체 파이가 커지면서 지분율은 60퍼센트에서 48퍼센트로 희석됐다. 이것이 투자를 받을 때 유의할 점이다. 창업자의 지분은 투자를 받을 때마다 계단식으로 떨어진다. 시리즈 A, B, C를 거치며 지분율은 계속 낮아질 것이다. 따라서 초기 단계부터 지분을 너무 많이 내주면, 나중에 시리즈 C쯤 갔을 때 창업자 지분이 한 자릿수로 떨어져 경영권을 잃고 쫓겨나는 상황이 올 수도 있다.

그러므로 투자를 결정하기 전에는 반드시 엑셀을 켜고 위와 같은 지분 희석 시뮬레이션을 돌려 봐야 한다. 돈 들어오니까 좋다고 웃을 때가 아니라, 내 지분이 얼마나 방어되는가를 냉정하게 계산해야 할 때다.

반드시 알아야 하는
투자 계약서
독해법

　많은 관문을 통과하고 텀 시트 합의까지 마쳤다면 드디어 투자 계약서가 도착한다. 수십 장에 달하는 이 문서는 지난 수십 년간 투자자들이 쌓아 온 노하우의 집약체다. 냉정하게 말해, 기본적으로 투자자에게 유리하게 설계돼 있다.

　그러니 감격에 취해 덜컥 도장을 찍으면 안 된다. 문장 하나, 단어 하나에 회사의 운명이 달려 있다. 변호사의 법률 검토는 필수지만, 대표 이사 스스로가 핵심 쟁점을 알고 있어야 협상할 수 있다. 반드시 체크해야 할 독소 조항과 권리를 해부해 보자.

절대 피해야 할 독소 조항 3인방

계약서에서 가장 눈을 부릅뜨고 찾아야 할 것은 창업자에게 무한 책임을 지우거나 경영권을 과도하게 침해하는 조항이다.

① 연대 보증

- 의미: 회사가 의무를 이행하지 못하면, 창업자 개인(이해관계인)이 대신 책임지라는 조항이다.
- 위험성: 주식회사의 장점은 유한 책임인데 연대 보증은 이를 무력화한다. 사업이 망했을 때 창업자가 신용 불량자로 전락해 재기 불능 상태가 되는 주원인이다.
- 대응: 최근에는 횡령이나 배임 등 창업자의 고의나 중과실이 있을 때만 책임을 지는 것으로 완화되는 추세다. 무조건적인 연대 보증은 반드시 삭제하거나 범위를 축소해야 한다.

② 리픽싱

- 의미: 회사의 실적이 나쁘거나 주가가 떨어지면 전환 가격을 낮춰 투자자의 지분을 늘려 주는 장치다.
- 위험성: 창업자 입장에서는 앉아서 지분을 뺏기는 꼴이다. 상장 주식은 30퍼센트의 한도가 있지만, 비상장 주식은 한도 제한이 없는 경우가 많아 경영권을 위협하는 대표적인 독소 조항이다.

③ 위약벌

- 의미: 계약 위반 시 손해 배상과는 별도로 내야 하는 벌금이다.
- 위험성: "투자 원금의 30퍼센트를 위약벌로 낸다"와 같이 과도한 금액이 설정되면 사소한 실수 하나로 회사가 파산할 수 있다. 단순한 손해 배상(위약금)과 징벌적 성격의 위약벌은 명확히 구분해야 한다.

투자자의 안전장치: 엑시트와 방어권

투자자가 돈을 회수하거나 자신의 권리를 지키기 위해 요구하는 조항들이다. 개념을 정확히 알아야 한다.

- 상환권^{redemption right}: "돈 내놔라." 회사가 이익이 났는데도 배당도 안 하고 상장도 안 할 때, 투자 원금에 이자를 붙여 돌려 달라고 요구할 수 있는 권리다.
- 전환권^{conversion right}: "주식으로 바꿔 달라." 채권이나 우선주를 보통주로 바꿀 수 있는 권리다. 회사가 대박이 났을 때 이익을 극대화하기 위해 사용한다.

M&A나 지분 매각 시 자주 등장하는 용어도 알아 두자. 다음의 두 용어는 헷갈리기 쉬우니 특히 주의해야 한다.

- 동반 매도권^{tag-along}: "나도 데려가라." 창업자가 지분을 팔고 나갈 때, 투

자자가 "내 것도 같은 조건으로 팔아 달라"라고 요구할 수 있는 권리다.

- 동반 매도 청구권drag-along: "너도 팔아라." 투자자가 지분을 팔고 싶을 때, "창업자 너도 지분 내놔서 같이 팔자"라고 강제할 수 있는 권리다. 창업자의 의지와 상관없이 회사가 매각될 수 있는 무서운 조항이다.

주식의 종류: 무엇을 발행할 것인가?

투자자들은 아무런 권한이나 옵션이 없는 보통주보다는 투자자에게 특별한 권리가 부여된 주식을 주로 발행받는다. 먼저 보통주는 의결권과 배당권만 있는 가장 일반적인 주식이다. 창업자 입장에서는 경영권 방어 등에 가장 유리한 형태지만, 리스크를 감수해야 하는 초기 투자자가 이를 넙죽 받아 주는 경우는 현실적으로 매우 드물다. 그래서 등장하는 것이 우선주인데, 배당이나 회사가 청산될 때 남은 재산을 분배받는 과정에서 보통주보다 우선적인 권리를 갖는다.

특히 스타트업 투자의 표준이라 불리는 것은 바로 '상환 전환 우선주RCPS'다. 이 주식은 강력한 기능 3가지를 가지고 있다. 첫째, 상환권Redeemable은 투자금을 현금으로 돌려받을 수 있는 권리고, 둘째, 전환권Convertible은 상황에 따라 보통주로 바꿀 수 있는 권리며, 셋째, 우선권Preference은 배당도 먼저 받을 수 있는 권리다. 투자자 입장에서는 상황에 따라 가장 유리한 포지션을 취할 수 있는 일명 '무적의 주식'이며, 실제로 시리즈 A 이상의 투자는 대부분 이 RCPS 형태로 이루어진다. 이 외에 전환 사채도 있다. 이는 처음에는 빚(사채)의 형태로 존재하다가 나중에 주식으로 바꿀 수 있는 권리가 부여된 채권으로, 주식과 채권의 성격을 모두 가진 하이브리드 형태다.

투자 계약서를 받아든 창업자들은 혹시라도 수정 요청을 했다가 어렵게 성사된 투자가 깨질까 봐 두려워하고는 한다. 하지만 불합리한 조항, 특히 회사의 생존을 위협할 수 있는 독소 조항에 대해서는 어렵고 불편하더라도 반드시 목소리를 내야 한다. 협상은 결국 기세다. 투자자 역시 무조건 순응하는 사람보다는 합리적인 근거를 대며 수정을 요구하는 창업자를 더 신뢰한다. 잘못 찍은 도장이 회사를 통째로 날릴 수도 있다는 사실을 명심해야 한다.

실전에서
더욱 유용한
투자 유치 팁

이번 장에서는 수십 번의 투자 유치 시도와 수없이 많은 거절, 그리고 마침내 성공하기까지의 뼈아픈 시행착오를 통해 체득한 진짜 팁을 소개하고자 한다. 나 역시 처음에는 투자 유치에 대해 백지상태였다. 서점에 깔린 10여 권의 관련 서적을 독파하고 인터넷을 뒤졌지만, 돌아오는 건 '좋은 팀을 꾸려라', '시장을 혁신하라' 같은 뻔한 공자님 말씀뿐이었다. 마치 "서울대에 가려면 어떻게 해야 하나요?"라는 질문에 "국영수 위주로 예습, 복습 철저히 하라"라는 답변을 들은 기분이었다. 누구 하나 속 시원하게 현장의 문법을 알려 주는 이가 없어 답답했다.

물론 내 경험이 정답은 아니며, 스타트업마다 상황은 천차만별이다. 하지만 이 내용은 다수의 현직 심사 역들과 부대끼며 검증받은 실전 노하우다. 부디 이 팁들이 당신의 시행착오를 단 1개월이라도 줄여 주기를 바란다.

투자 유치는 토너먼트가 아니라 보물찾기다

많은 창업가가 투자 유치를 토너먼트나 리그전처럼 생각한다. 모든 심사 위원에게 높은 점수를 받아야 이긴다고 착각하는 것이다. 하지만 실상은 전혀 다르다. 투자 유치는 백 명을 만나서 아흔아홉 명에게 거절당하더라도, 단 한 명만 "예스"를 외치면 승리하는 게임이다.

재미있는 점은 그 한 명의 리드 투자자가 생기면 판도가 뒤집힌다는 것이다. 그가 "이 회사는 내가 보증한다"며 앞서 거절했던 다른 투자자들을 불러 모아 '클럽 딜club deal'을 만들어 주기도 한다. 클럽 딜이란 여러 투자자가 십시일반으로 자금을 모아 동시에 투자하는 방식이다. 투자자 입장에서는 검증에 대한 리스크를 나누고, 스타트업 입장에서는 한번에 큰 규모의 자금을 확보할 수 있는 윈윈 전략이다.

그러니 거절에 상처받지 마라. 거절은 기본값이다. 아흔아홉 번 거절을 당하더라도 한 번만 성공하면 된다는 '아님 말고' 정신으로 멘탈을 관리해야 한다. 반대로 한 명이 싫다고 해서 좌절할 필요도 없고, 백 명 모두가 좋다고 해도 그 돈을 다 받을 수도 없다. 당신의 가치를 알아봐 줄 단 한 명의 '찐팬'을 찾는 과정이라 생각하라.

시간은 돈이다

투자 유치 작업에는 창업자의 리소스가 너무 많이 들어간다. 짧게는 3개월, 길게는 1년 가까이 걸리는 이 험난한 여정에서 가장 강력한 무기는 아이템이 아니라 시간이다.

법인 통장에 최소 10개월 이상 버틸 수 있는 자금이 남아 있을 때 투자 유치 작업을 시작해야 한다. 통장 잔고가 바닥을 보일 때 투자자를 만나면 그들은 귀신같이 당신의 조급함을 읽어 낸다. 몇 개월 버티기 어렵다는 냄새를 풍기는 순간, 협상 테이블은 기울어진다. 투자자는 시간을 끌며 헐값을 부르고, 당신은 울며 겨자 먹기로 도장을 찍게 될 것이다.

만약 지금 매출은 없는데 비용만 나가고 있다면 섣불리 투자자를 만나기 전에 허리띠를 졸라매라. 비용을 극한으로 절감해 손익 분기점을 넘기거나, 런웨이를 최대한 늘려 놓은 상태에서 여유 있게 협상해야 한다. 투자 유치 게임에서 시간은 곧 돈이고 권력이다.

사업자 등록은 천천히 해도 된다

창업의 의욕에 불타올라 무턱대고 세무서로 달려가 사업자 등록부터 하는 경우가 있는데, 정부 지원금을 받겠다면 잠깐 멈춰라. 중소벤처기업부의 대표적인 지원 사업인 '예비 창업 패키지(예창패)'는 말 그대로 사업자 등록을 하지 않은 사람에게 최대 1억 원(평균 5,000만 원)의 자금을, 그것도 지분을 요구하지 않고 공짜로 지원해 준다.

지원 자격 자체가 '공고일 기준 신청자 명의의 사업체를 보유하고 있지 않은 자다. 일단 사업자 등록을 내 버리면 이 꿀 같은 기회는 날아간다. 아이템을 검증하고 자금을 확보하는 데 정부 지원금만큼 좋은 마중물은 없다. '예창패'에 선정된 이후에 사업자 등록을 해도 절대 늦지 않는다.

벤처 캐피털의 채점표는 주관식이다

스타트업 투자는 수능 시험이 아니다. 매출액, 영업 이익, 특허 수 같은 정량적 지표를 엑셀에 넣고 돌리면 합격 여부가 나오는 체크리스트 따위는 없다. 물론 팀 구성이나 시장 규모 같은 기본 요건은 중요하다. 하지만 최종 결정 단계에서는 비경영적이고 비논리적인, 지극히 주관적인 요소가 개입한다.

"대표의 눈빛에서 집요함이 보였다", "이 팀과는 5년 뒤에도 웃으며 소주 한잔할 수 있을 것 같다", "왠지 모르게 끌린다" 같은 감정적인 영역이 투자를 결정짓기도 한다. 그러므로 벤처 캐피털과의 미팅을 딱딱한 면접으로 생각하지 말고, 인간적인 신뢰를 쌓는 과정으로 접근해야 한다. 그들도 결국 사람이고, 마음이 움직여야 지갑을 연다.

벤처 캐피털을 움직이는 두 가지 공포, 손실과 포모

벤처 캐피털에 근무하는 심사 역도 결국은 월급을 받는 직장인이다. 그들에게는 두 가지 종류의 강력한 스트레스가 있다. 첫째는 당연히 투자에 대한 손실의 공포다. 내가 투자한 회사가 망해서 원금을 회수하지 못하는 것, 그로 인해 내 평판과 커리어 안 좋아지는 것이다. 둘째는 본인이 투자하지 못한 회사가 대박이 나서 배달의민족이나 토스가 되는 꼴을 보게 되는 것이다. 때로는 이런 상황이 손실보다 더 뼈아프다.

심사 역도 펀드 수익률을 올려야 승진하고 인센티브를 받는다. 프로 야구 선수처럼 타율 관리가 생명이다. 스타트업은 이 심리를 역이용해야 한다. 우리 회사는 절대 망하지 않는다는 것도 보여 줘야 하지만, 동시에 "지금 우리에게 투자하지 않으면 당신은 유니콘을 놓치는 실수를 범하는 것이다"라는 포모를 자극해야 한다. 그들의 욕망과 공포를 건드려라. 이것이 역지사지 펀딩 전략의 핵심이다.

벤처 캐피털 시장은 여전히 극심한 '그들만의 리그'다

인정하기 싫겠지만 현실을 직시하자. 벤처 투자 시장은 매우 폐쇄적이고 좁다. "실력만 있으면 투자를 받는다"라는 말은 반은 맞고 반은 틀리다. 이 바닥은 신뢰라는 자산을 담보로 움직이기 때문에 알음알음 지인 기반으로 투자가 이뤄지는 경우가 태반이며, 학연과 지연이 중요하게 작용한다는 불편한 진실도 여전히 유효하다.

특히 업계가 좁다 보니 평판 조회가 실시간으로 일어난다. 심사 역 수백 명이 모여 있는 비공개 커뮤니티나 단톡방에서는 매일 정보가 오간다. "A 스타트업 대표 어떤가요?"라는 질문 하나에 수십 개의 댓글이 달린다. 만약 한두 명의 심사 역과 불미스러운 마찰이 있거나 기본적인 매너가 없다는 소문이 나면 그 이야기는 삽시간에 퍼진다. 블랙리스트에 오르는 순간 당신의 사업 계획서는 휴지통으로 직행한다. 억울해도 어쩔 수 없다. 이곳은 좁고 깊은 '신뢰의 카르텔'이다. 이 룰을 깨려 하지 말고, 받아들이고 조심해야 한다.

무턱대고 '콜드 콜' 하지 마라

홈페이지 대표 메일로 사업 계획서를 보내거나, 무작정 전화를 거는^{cold call} 행위의 성공률은 0퍼센트에 수렴한다. 심사 역들은 하루에도 수십 개의 검토 요청을 받는다. 모르는 사람에게서 온 메일은 읽히지도 않고 스팸 처리되거나, "검토 후 연락드리겠습니다"라는 매크로 답변만 받고 영원히 묻힌다. 입장을 바꿔 생각해 보자. 당신도 하루에 몇 번씩 걸려 오는 보험 가입 권유 전화를 받자마자 끊지 않는가? 투자자에게 콜드 콜은 그런 스팸 전화와 다를 바 없다.

그렇다면 어떻게 해야 할까? '웜 인트로^{warm intro}'가 답이다. 사돈의 팔촌까지 동원해서라도 투자 담당자가 신뢰하는 누군가의 소개를 통해 들어가야 한다. "내가 아는 괜찮은 후배인데 한번 만나 봐"라는 한마디가 당신의 사업 계획서를 책상 위로 올려놓는다. 정 아는 사람이 없다면 스타트업 네트워킹 행사, 데모 데이, 오피스 아워^{office hour} 등을 찾아가라. 거기서 심사 역의 명함을 받고 얼굴을 익힌 뒤에 연락하는 것이 콜드 메일 100통보다 낫다.

투자자의 조언에 영혼까지 팔지 마라

투자 미팅을 하면 심사 역들은 질문뿐만 아니라 이런저런 조언을 던진다.

"타깃 시장이 너무 작네요."

"비즈니스 모델을 B2B로 바꿔 보세요."

문제는 서른 명을 만나면 서른 명이 다 다른 이야기를 한다는 것이다. 처음에는 그들의 말이 법처럼 느껴지지만, 많이 만날수록 머릿속은 뒤죽박죽이 된다.

명심해라. 당신은 이 사업을 위해 인생을 걸고 밤낮으로 고민해 온 전문가다. 반면 심사 역은 당신의 발표를 10분 내외 듣고 즉흥적인 아이디어나 과거의 경험을 던진 것뿐이다. 그들이 운전대를 잡게 하지 마라. 그들은 조수석에 앉은 승객일 뿐이다. 투자자의 조언은 참고만 하고, 취사선택해라. 줏대 없이 휘둘리다가 방향을 잃으면 배는 산으로 가고, 투자는커녕 사업도 망가진다. 창업자는 오픈 마인드여야 하지만 때로는 뚝심 있게 밀고 나가야 한다.

투자자는 직업적으로 '노'를 외치는 사람들이다

투자 심사 역의 본업은 투자하는 것이 아니라, 투자를 거절하는 것이다. 100개의 회사를 검토하면 99개를 탈락시키는 필터링이 그들의 역할이다. 확률적으로 스타트업은 망할 확률이 압도적으로 높기 때문에, 그들은 기본적으로 '이 사업은 안 된다'는 부정적인 가정에서 출발한다.

어떤 베테랑 심사 역은 일부러 창업자에게 "이거 안 될 것 같은데요?"라고 공격적인 질문을 던진다고 한다. 그때 창업자가 얼마나 논리적으로 방어하는지, 혹은 얼마나 쉽게 포기하는지를 테스트하는 것이다. 자기 말 한마디에 의기소침해지는 창업자는 어차피 험난한 스타트업 판에서 살아남지 못할 것이라고 판단하기 때문이다. 그러니 거절을 두려워하지 마라. 때로는 남들이 다 안 된다고 할 때 "두고 보십시오"라고 말할 수 있는 근거 있는 고집이 투자자의 마음을 움직인다.

투자자의 거절을 해독하라

한국 사회 특성상 면전에 대고 "당신 회사는 별로라서 투자 못 합니다"라고 말하는 심사 역은 없다. 그들은 세련되고 완곡한 표현으로 거절한다. 이 '희망 고문'에 착각하고 매주 연락하며 스토킹하는 대표들이 있는데, 최악이다. 투자자의 언어를 번역해 줄 테니, 이 말을 들으면 깔끔하게 마음을 접어라.

- 투자자: 대표님과 팀은 정말 마음에 들지만, 좀 더 지켜보고 싶습니다.
- 번역: 확 매력적이지는 않네요. 지금은 투자할 생각이 없습니다.
  (정말 마음에 들면 다른 벤처 캐피털이 채갈까 봐 오늘 당장 텀 시트 쓰자고 한다.)

- 투자자: 펀드가 대부분 소진돼 투자하기 어렵습니다. 다음 펀드가 결성되면 연락 드릴게요.
- 번역: 당신에게 줄 돈은 없습니다.

(연락 안 준다. 정말 좋은 회사라면 펀드를 빌려서라도, 다른 본부의 돈을 끌어와서라도 투자한다.)

- 투자자: 관심은 많습니다만, 지표가 좀 더 성장한 후에(마일스톤 달성 후에) 다시 봅시다.
- 번역: 성장이 안 될 것 같네요. 숫자로 증명해 오기 전에는 오지 마세요.

- 투자자: 정말 투자하고 싶지만, 저희 펀드의 주목적과 성격이 안 맞네요.
- 번역: 핑계 댈 게 없어서 하는 말입니다.
  (주목적 투자가 아니더라도 일반 투자 계정으로 얼마든지 할 수 있다.)

- 투자자: 저희가 리드^{lead}를 서기는 어렵고, 리드 투자자가 확정되면 따라가겠습니다.
- 번역: 남들이 좋다고 하면 숟가락은 얹겠지만, 내가 먼저 총대를 멜 만큼 확신은 없습니다.

결국 모든 애매한 말들의 진짜 의미는 최소한 이번 라운드에, 당신 회사에 내 돈을 태우지는 않겠다는 뜻이다. "열 번 찍어 안 넘어가는 나무 없다"라는 속담은 투자 시장에서 통하지 않는다. 싫다는데 계속 찍으면 스토커로 신고 당한다. 투자자의 애매한 거절에 현혹돼 자료를 수정하고 다시 찾아갈 시간에, 사무실로 돌아가서 제품을 개선하고 고객을 한 명이라도 더 만나라. 투자자를 설득하는 최고의 무기는 화려한 말빨이 아니라 우상향하는 매출 그래프다.

고밸류 속에도 함정이 있다

많은 창업자가 밸류에이션에 목숨을 건다. 옆 동네 김 대표가 100억 밸류를 받았다면 나도 그만큼 받아야 자존심이 산다고 생각한다. 하지만 밸류를 무리하게 높이는 것은 독이 든 성배를 마시는 것과 같다.

예를 들어, 이번 라운드 적정 밸류가 50억 원인데 욕심을 부려 80억 원에 받았다고 치자. 그럼 다음 라운드 때는 최소 160억~200억 원의 가치를 증명해야 한다. 만약 성장이 그에 못 미치면 아무도 투자하지 않거나, 기업 가치를 깎아서 투자받는 다운라운드의 굴욕을 맛봐야 한다. 투자자가 제시한 금액이 터무니없는 헐값이 아니라면 적당한 선에서 타협하고 딜을 성사시켜라. 한번의 고밸류보다 중요한 것은 생존과 지속적인 후속 투자다. 리드 투자자가 들어오면 갈팡질팡하던 다른 투자자들도 따라와 클럽 딜이 만들어질 수 있다.

주니어가 아닌 결정권자를 공략하라

벤처 캐피털도 회사다. 사원, 대리급의 주니어 심사 역이 있고, 이사나 파트너급의 임원이 있다. 주니어 심사 역을 만나는 것도 감사한 일이지만 냉정하게 말해 그들은 결정권이 없다. 그들이 당신의 회사를 좋게 봐도, 내부 투심위에서 임원들을 설득해 내기란 쉽지 않다. 일반 직장에서도 상사에게 "이거 될 것 같은데요?"라고 보고했다가 "확실해? 책임질 수 있어?"라는 한마디에 깨지는 것과 같다.

따라서 가능하다면 임원이나 파트너급 심사 역을 만날 기회를 만들어라. 그들이 "좋네, 진행해 봅시다"라고 말하면 내부 프로세스는 일사천리로 진행된다. 의사 결정 단계를 줄이는 것이 투자 성공 확률을 높이는 지름길이다.

투자 유치는 대표 이사의 전유물이다

"제가 너무 바빠서요", "재무 담당 이사가 더 잘 압니다"라는 핑계로 IR 미팅에 공동 창업자나 직원을 내보내는 대표가 있다. 이는 투자자에게 "나는 이 펀딩에 간절하지 않습니다"라고 말하는 것과 같다. 투자자는 회사의 숫자보다 대표 이사의 눈빛과 의지에 투자한다. IR 자료는 직원이 만들더라도, 발표와 질의응답은 반드시 대표가 직접 해야 한다. 문구 하나, 숫자 하나까지 대표의 머릿속에 완벽하게 들어 있어야 신뢰를 얻을 수 있다.

싸우지 마라, 당신은 돈이 필요한 '을'이다

심사 역들은 대한민국에서 가장 똑똑하고 분석적인 집단 중 하나다. 그들은 당신의 사업 모델에서 약점을 찾아내고 집요하게 질문할 것이다. 이때 자존심이 상한다고 논쟁을 벌이거나 가르치려 들지 마라. "심사 역님이 현장을 잘 모르셔서 그러는데……"라는 태도는 최악이다. 투자 미팅은 토론 배틀이 아니다. 당신은 투자를 받아야 하는 '을'이고, 상대는 돈을 줄지 말지 결정하는 '갑'이다. 그들의 지적을 겸허히 수용하고, 논리적으로 설득하는 자세를 보여라.

플랜 B를 준비하라

1년 동안 발버둥 쳤는데도 텀 시트 한 장 못 받았다면 인정해야 한다. "어제와 똑같이 살면서 다른 미래를 기대하는 것은 정신병 초기 증세다"라는 아인슈타인의 말처럼, 안 되는 데는 이유가 있다. 동일한 아이템, 동일한 팀, 동일한 장표로 계속 들이대는 것은 시간 낭비다. 과감하게 피버팅하거나, 투자가 안 될 경우를 대비한 플랜 B를 가동해야 한다. 인력 감축, 급여 삭감, 사무실 축소 등 뼈를 깎는 구조 조정을 통해서라도 살아남을 방법을 찾아야 한다.

입금될 때까지 샴페인 터뜨리지 마라

"투자 계약서에 도장 찍었으니 끝났다!"

천만의 말씀이다. 날인 후 실제 입금까지 걸리는 한 달 사이에 투자가 취소되는 경우도 종종 있다. 실사 과정에서 치명적인 결함이 발견되거나, 갑자기 펀드 자금 사정이 나빠질 수도 있다. 법적으로 따져 물을 수도 있겠지만, '슈퍼 갑'인 벤처 캐피털을 상대로 소송을 거는 것은 업계에서 매장당하겠다는 소리나 다름없다. 그러니 돈이 법인 통장에 꽂히는 그 순간까지 긴장의 끈을 놓지 마라.

투자는 성공이 아니라 과정이다

뉴스에 "300억 원 투자 유치!" 기사가 나면 대표의 어깨에 힘이 들어가기 시작한다. 명함에서 휴대폰 번호를 지우고, 연락 오는 사람들을 귀찮아한다. 착각하지 마라. 투자는 회사가 성공했다는 증표가 아니라 남의 돈을 빌려 왔다는 뜻이다. 그 돈은 언젠가 몇 배로 불려서 돌려줘야 할 빚이다. 투자는 성공이 아니라, 더 큰 성장을 위해 연료를 채운 과정일 뿐이다. 100억을 받았다고 100억 부자가 된 게 아니다. 끝까지 겸손하게, 더 무거운 책임감으로 사업에 임하라.

6장

알아 두면 좋은 스타트업의 모든 것

START UP

성공하는 회사로 키우는 법

말뿐인
훈수보다
고객의 불평이 낫다

　요즘 스타트업 신에는 자칭 '창업 전문가'라는 사람들이 넘쳐 난다. 과거 요식업 프랜차이즈나 소자본 창업 시장에 있던 컨설턴트들이 스타트업 열풍을 타고 간판만 바꿔 단 경우도 허다하다. 대학교수, 투자자, 은퇴한 대기업 임원, 그리고 유튜버까지. 그들의 이력서는 화려하다. 심사 위원, 멘토, 자문 위원 등 온갖 타이틀로 자신을 포장한다.

　물론 그중에는 경험이 풍부하고 통찰력 있는 '진짜'도 있다. 하지만 문제는 창업을 해 본 적도, 투자를 받아 본 적도, 엑시트를 해 본 적도 없는 무경험 전문가들이 너무 많다는 것이다. 태권도를 한 번도 해 보지 않은 사람이 책으로만 배워서 태권도 사범을 하겠다고 나서는 꼴이다. 연애를 글로만 배운 사람이 연애 코치를 하는 것과 무엇이 다른가? 그들의 말은 그럴듯하게 들리지만, 실전에서는 아무런 쓸모가 없는 죽은 지식일 가능성이 높다.

조심해야 할 나쁜 전문가 3가지 유형

스타트업 생태계에는 창업가에게 실질적인 도움을 주기보다 혼란만 가중시키는 가짜 전문가들이 존재한다. 이들은 크게 이론가형, 라떼형, 포식자형으로 구분할 수 있는데 각별한 주의가 필요하다.

먼저 '이론가형'은 창업 경험이 전무한, 소위 말만 잘하는 전문가다. 이들은 주로 책이나 해외 아티클, 유튜브에서 접한 단편적인 지식을 짜깁기해 훈수를 둔다. "실리콘밸리에서는 이렇게 한다"라며 뜬구름 잡는 소리를 늘어놓지만, 정작 한국 시장의 특수성이나 초기 스타트업이 처한 처절한 생존 환경은 전혀 이해하지 못한다는 치명적인 문제점이 있다.

둘째는 '라떼형'이다. 과거에 창업해 성공한 이력은 있으나 그 영광이 10년, 20년 전에 머물러 있는 경우다. 습관적으로 "나 때는 말이야"를 시전하며 자신의 과거 경험을 절대적인 정답인 양 강요한다. 하지만 IT 기반의 스타트업 세계에서 6개월의 변화는 과거의 6년과 맞먹을 정도로 빠르다. 유효 기간이 지난 과거의 성공 방정식이 지금의 시장 환경에서는 통하지 않을 수 있음을 간과하는 것이다.

마지막으로 가장 경계해야 할 대상은 '포식자형', 즉 브로커다. 이들은 정부 지원 사업 선정이나 투자자 연결을 미끼로 거액의 수수료나 초기 지분을 노골적으로 요구한다. 중소벤처기업부의 '창업넷'에 불법 브로커 주의 팝업이 뜰 정도로 피해 사례가 많은 가장 악질적인 유형이다. 초기 기업의 절박함을 이용해 빨대를 꽂으려는 사람들이므로, 만약 멘토링을 대가로 지분을 요구한다면 뒤도 돌아보지 말고 도망쳐야 한다.

훈수 두기는 쉽다

옆에서 구경하는 사람은 훈수 두기가 쉽다. 게임에 매몰되지 않으니 객관적인 수가 보이기도 한다. 하지만 그 훈수가 가치 있으려면, 훈수 두는 사람의 실력이 선수와 비슷하거나 더 뛰어나야 한다. 창업자가 매일 밤잠을 설치며 하는 고민의 1만 분의 1도 안 해 본 사람들이 뱉는 가벼운 말 한마디에 회사의 방향이 흔들려서는 안 된다. 만약 멘토가 창업자보다 당신의 사업에 대해 더 많이 알고 있다면, 그건 창업자가 직무 유기를 하고 있다는 뜻이다. 이 사업의 최고 전문가는, 그리고 전문가여야만 하는 사람은 바로 당신이다.

멘토의 말보다 고객의 말을 믿어라

초기 창업자, 특히 나이가 어린 대학생 대표들은 경험이 부족하다 보니 외부 전문가의 말에 쉽게 휘둘린다. 소위 팔랑귀가 된다.

"전문가님이 비즈니스 모델을 바꾸라는데요?"
"멘토님이 시장이 작다는데요?"

기억하라. 당신의 제품과 서비스를 평가할 자격이 있는 유일한 사람은 멘토가 아니라, 당신에게 돈을 지불할 고객이다. 멘토가 안된다고 해도 고객이 지갑을 열면 잘되는 사업이고, 멘토가 잘될 거라고 해도 고객이 안 사면 망하는 사업이다.

외로움을 견디는 것이 대표의 숙명이다

물론 창업자는 외롭다. 너무 힘들고 절박해서 누군가에게 의지하고 싶고, 정답을 듣고 싶은 마음은 이해한다. 하지만 그 외로움을 견디고, 스스로 판단하고, 결정에 책임을 지는 과정 자체가 사업이다. 남의 말에 의존해서 성공한 CEO는 없다. 외부의 조언은 참고만 하라. 옥석을 가려 듣되, 최종 결정은 당신의 소신과 뚝심으로 내려야 한다. 어설픈 전문가의 훈수보다, 현장에서 만난 고객의 불평 한마디가 당신을 위대한 사업가로 만든다.

호칭만 스타트업?
지속 가능한
수평 문화

　요즘 스타트업 채용 공고를 보면 약속이나 한 듯 수평적인 문화를 강조한다. 대기업조차 직급을 없애고 이름 뒤에 '님'을 붙이거나, 카카오처럼 영어 이름을 부르는 것이 유행이다. 겉보기에는 한국의 유교적 위계질서가 사라진 것처럼 보인다.

　하지만 본질은 호칭에 있지 않다. 대표를 대표님이라 부르지 않고 영어 이름을 부르지만, 정작 중요한 의사 결정은 대표 혼자 다 하고 직원들은 시키는 대로만 한다면 그것은 수평 문화가 아니라 '수평 문화 코스프레'일 뿐이다. 호칭은 수단이지 목적이 아니다. 진정한 수평 문화가 뿌리내리기 위해서는 다음 3가지 요소가 절대적으로, 그리고 동시에 필요하다.

1. 경영진의 강력한 의지와 언행일치

스타트업의 문화는 결국 창업자의 등을 보고 자란다. 특히 해외 유학파나 IT 대기업 출신 대표들이 수평 문화를 지향하는데, 함정은 의사 결정 과정에 있다. "자유롭게 의견 내세요"라고 해 놓고 막상 직원이 반대 의견을 내면 정색하거나 결국 '답정너(답은 정해져 있으니 너는 대답만 해)'식으로 결론을 내리는 대표들이 너무 많다.

수평 문화의 핵심은 정보의 투명한 공유와 발언권의 평등이다. 대표 혼자 정보를 독점하고 결정하는 구조에서는 아무리 영어 이름을 불러 봐야 소용없다. 경영진이 권위를 내려놓고 쓴소리를 경청하겠다는 의지가 얼마나 강하고 지속적인지에 성패가 달려 있다.

2. 지치지 않는 인사 담당자의 헌신

경영진이 방향을 잡았다면, 밭을 갈고 씨를 뿌리는 것은 인사 담당자의 몫이다. 호칭 파괴부터 회의 방식, 휴가 승인 프로세스, 사내 게시판 운영 등 하나부터 열까지 시스템을 뜯어고쳐야 한다.

문제는 양쪽에서 욕을 먹는다는 점이다. 경영진은 "왜 문화가 빨리 안 바뀌냐"며 닦달하고, 직원들은 "어차피 위에서 다 정할 거면서 왜 귀찮게 하냐"며 냉소적인 반응을 보인다.

이 샌드위치 상황에서도 포기하지 않고 묵묵히 시스템을 다듬고 문화를 전파하는 인사 담당자의 인내심 없이는 수평적인 문화가 절대 정착될 수 없다.

3. 직원들의 적극성과 '미움받을 용기'

가장 어려운 부분이다. 워크숍이나 회식 때 야자 타임을 하면 다들 신나게 놀 것 같지만 현실은 어떤가? 뒷감당이 두려워 입을 닫거나 눈치만 본다. 우리는 어려서부터 가만히 있으면 중간은 간다는 교육을 받고 자랐기 때문이다.

수평 문화는 누군가 떠먹여 주는 게 아니다. 구성원들이 회의 시간에 손을 들고 "제 생각은 다릅니다"라고 말할 수 있는 용기가 필요하다. 아무리 멍석을 깔아 줘도 참여하지 않으면 문화는 바뀌지 않는다. 수평 문화는 소수의 경영진이 만드는 게 아니라, 다수의 구성원이 참여로 완성한다.

수평과 수직 사이, 어정쩡한 회사가 최악이다

이 3가지 중 하나라도 부족하면 그 회사는 수평 문화도 아니고 수직 문화도 아닌 그 중간 어딘가에서 표류하게 된다. 위계질서는 없는데 책임 소재도 불분명하고, 자유로운 것 같은데 눈치는 보이는 그야말로 '혼돈의 카오스'가 되는 것이다.

차라리 명확한 수직 문화가 낫다. 어설픈 수평 문화는 조직을 병들게 한다. 지금 우리 회사가 수평과 수직 사이 어중간한 위치에서 표류하고 있다면 앞의 3가지 요소 중 무엇이 빠져 있는지 심각하게 고민해 봐야 한다. 사랑과 우정 사이처럼, 이것도 저것도 아닌 게 가장 큰 문제다.

가족을 만들지 말고
프로 스포츠 팀을
만들어라

채용 사이트나 회사 소개서에 단골로 등장하는 문구가 있다.

"우리는 가족 같은 회사입니다."

대기업의 친족 경영을 말하는 게 아니다. 피 한 방울 섞이지 않았는데 가족임을 강요하는 회사를 말한다. 단어 자체는 따뜻하고 포근해 보이지만, 스타트업 신에서 이 말은 종종 공포의 단어다.

가족이니까 월급 대신 용돈(열정 페이)을 준다.

가족이니까 야근 수당 없이 야근을 시킨다.

가족이니까 공과 사 구분 없이 사적인 심부름을 시킨다.

가족이니까 예의를 지키지 않고 말을 한다.

이것은 착취를 정당화하는 낡은 도그마일 뿐이다. 성과가 아니라 정과 의리로 움직이는 회사는 필연적으로 도태된다. 회사의 구성원은 동아리 회원도 아니고, 가족은 더더욱 아니다. 스타트업은 철저하게 목적과 성과로 뭉친 조직이어야 한다. 인간미는 시스템이 잘 돌아갈 때 그 사이를 채워 주는 윤활유 정도만 있으면 충분하다.

드라마 〈스토브리그〉의 백승수 단장에게 배워라

2019년에 방송된 SBS 드라마 〈스토브리그〉의 주인공 백승수 단장을 기억하는가? 그는 철저한 성과주의자다. 부임 초기, 직원들은 그를 향해 "인간미가 없다", "정이 없다"며 비난하고 반발한다. 하지만 그는 흔들리지 않고 냉철한 데이터 분석과 파격적인 전략으로 만년 꼴찌 팀을 우승권으로 끌어올린다. 성과가 나오기 시작하자 직원들은 그를 신뢰하고 따르게 된다.

이것이 바로 프로페셔널리즘이다. 서로 형, 동생 하며 술 마셔 주는 게 리더십이 아니다. 명확한 목표를 제시하고, 장애물을 치우고, 결국 승리하게 만드는 것. 그래서 구성원들이 자신의 커리어에서 최고의 성과를 내게 돕는 것. 그것이 스타트업 리더가 가져야 할 진짜 덕목이다.

넷플릭스에서 찾는 조직의 본질

세계적인 기업 넷플릭스의 조직 운영 철학은 명쾌하다.

"우리는 가족이 아니라 팀이다 We are a team, not a family."

가족은 실수를 하거나 능력이 부족해도 끝까지 품고 가야 한다. 하지만 프로 스포츠 팀은 다르다. 매 경기 최고의 성과를 내기 위해 훈련하고, 주전 경쟁을 하며, 성과를 내지 못하는 선수는 방출되거나 트레이드된다. 대신 최고의 선수에게는 그에 걸맞은 최고의 연봉과 대우를 보장한다.

스타트업은 동아리도 아니고 가족은 더더욱 아니다. 스타트업 신은 놀이터가 아니라 생존을 걸고 싸우는 전쟁터다. 가족이라는 달콤한 말로 희생을 강요하지 마라. 대신 프로로서 정당한 대우를 하고 냉정한 성과를 요구하라. 가족 같은 회사를 지향하지 말고, 최고의 선수들이 뛰고 싶어 하는 명문 구단을 만들어라. 그것이 회사가 직원에게 해 줄 수 있는 최고의 복지다.

스타트업,
반복에 지치지 않는 자가
성취한다

요즘 서점가와 유튜브에서는 '루틴'이라는 단어가 유행처럼 번지고 있다. 사전적 의미를 찾아보면 '특정한 작업을 실행하기 위한 일련의 순서' 또는 '선수들이 최상의 능력을 발휘하기 위해 습관적으로 하는 동작'을 뜻한다. 쉽게 말해 무엇인가를 하기 위해 지속적이고 반복적으로 하는 행동이다.

과거에 루틴은 부정적인 단어였다. 직장인들은 "업무가 너무 루틴해서 배울 게 없다"며 이직하기도 했다. 매일 똑같이 굴러가는 따분하고 지루한 일상, 판에 박힌 업무를 뜻했기 때문이다. 하지만 사람들은 깨닫기 시작했다. 성공한 사람들과 위대한 기업 뒤에는 그들만의 지독한 루틴이 숨어 있다는 것을 말이다. 평범한 노력이 켜켜이 쌓여야만 비범한 성과가 만들어진다.

화려한 유니콘 뒤에 숨겨진 '노가다'의 시간

우리가 우러러보는 유니콘 스타트업들의 초기 모습은 결코 화려하지 않았다. 오히려 처절할 만큼 단순하고 반복적인 '노가다'의 연속이었다. 4조 원이 넘는 가치로 매각된 배달의민족의 시작은 거창한 IT 기술이 아니었다. 김봉진 의장은 초창기 수개월 동안 서울 강남 골목을 종일 돌아다니며 땅에 떨어진 전단지를 줍는 일만 했는데, 그 지루한 수집 활동이 지금의 배달의민족을 만든 데이터베이스가 됐다.

1,600억 원 이상의 투자를 유치한 직방도 다르지 않다. 안성우 대표와 전 직원은 초기 원룸 매물을 확보하기 위해 매일 아침 거리로 나가 발로 뛰며 사진을 찍었다. 오죽하면 "영하 15도 이하일 때만 나가지 말자"라는 규칙을 정했을까. 한국 날씨가 영하 15도 밑으로 떨어지는 날이 거의 없다는 사실을 나중에야 알고 직원들이 허탈해했다는 일화는 유명하다.

3,000억 원 가까운 투자를 받고 금융을 혁신한 토스의 이승건 대표 역시 아홉 번의 실패 끝에 금융 제국을 건설했다. 그는 간편 송금 앱 하나를 만들기 위해 은행 문턱이 닳도록 드나들며 제휴를 맺는 지루한 설득 과정을 무수히 반복했다.

겉으로는 그럴싸해 보일지 몰라도, 스타트업 내부에서는 똑같은 루틴을 반복하고 있다. 수요와 공급을 확보하고 고객의 불만을 처리하는, 어찌 보면 지루하기 짝이 없는 일들이다. 가끔 '언제까지 이 짓을 해야 하나' 싶을 때도 있겠지만, 이 지루한 반복 없이는 고객 만족도 성장도 없기에 묵묵히 버텨야 한다.

창의성은 반복에서 나온다

많은 구직자가 막연한 환상을 품고 스타트업에 입사한다. 매일 새롭고, 창의적이며, 혁신적인 일을 할 것이라 기대한다. 하지만 현실은 냉혹하다. 고객의 문제를 해결하는 것은 번뜩이는 아이디어 하나가 아니다. 그 문제를 해결하기 위해 시스템을 만들고, 오류를 수정하고, 고객에게 전화를 걸고, 데이터를 정리하는 지독한 루틴의 반복이다.

이 간극을 견디지 못하는 사람들은 "생각했던 것과 다르다"며 일찍 회사를 떠난다. 대기업이나 중소기업과 다를 바 없는 반복 업무를 견딜 멘탈이 준비되지 않았기 때문이다. 하지만 명심하라. 스타트업은 새로운 일을 하는 곳이 아니라, 지루한 일을 새롭게 해결하기 위해 반복하는 곳이다.

복싱과 줄넘기의 미학

복싱 체육관에 등록하면 가장 먼저 무엇을 할까? 링 위에 올라가서 멋진 스파링을 할까? 아니다. 몇 달 동안 줄넘기만 시킨다. 개수를 세지도 않는다. 3분 뛰고 30초 휴식을 반복한다. 아마추어 경기가 3분 3라운드로 진행되기에, 그 시간을 버틸 수 있는 기초 체력을 만들기 위함이다. 화려한 훅과 어퍼컷을 날리고 싶은 사람에게 줄넘기는 하찮고 지루한 고문이다. 하지만 이 과정을 견디지 못한 사람은 링 위에 올라가면 1라운드도 못 버티고 다리가 풀려 주저앉는다.

비즈니스도 똑같다. 멋진 IR 발표나 M&A 같은 화려한 장면 이면에는, 매일 아침 눈을 뜨고 출근해서 메일을 확인하고 회의를 하는 '줄넘기' 같은 시간이 존재한다. 이 기초 체력 없이 링에 오르면 시장이라는 거친 상대에게 KO 패를 당할 뿐이다.

내일 아침에도 어김없이 알람은 울릴 것이고, '더 자고 싶다, 출근하기 싫다'는 생각과 함께 하루가 시작될 것이다. 출근하면 수많은 메일과 반복되는 업무가 당신을 기다리고 있다. 문득 다 때려치우고 뭔가 새롭고 자극적인 일을 찾아 떠나고 싶을 것이다. 그럴 때마다 드라마 〈미생〉의 명대사이자, 모든 성공한 창업가들의 좌우명을 기억하자.

'반복에 지치지 않는 자가 성취한다.'

성공은 특별한 이벤트가 아니라 지루한 일상의 반복이 임계점을 넘었을 때 찾아오는 선물이다. 오늘 당신이 처리한 그 지루한 업무 하나가, 위대한 성공으로 가는 벽돌 한 장임을 잊지 말자.

시간은
누구에게나
공평하지 않다

"인생은 공평하지 않지만, 시간은 누구에게나 공평하다"라는 말이 있다. 기성세대가 젊은 세대에게 훈계할 때, 혹은 자기 계발서에서 흔히 인용되는 명언이다. 하루 24시간, 일주일 7일은 빈부귀천을 막론하고 누구에게나 똑같이 주어진다는 논리다. 겉으로 보면 맞는 말이다. 물리적인 시간의 총량은 같다. 나 역시 20대 때는 그 말이 진리인 줄 알고 살았다.

하지만 인생을 조금 더 살아 보고 치열한 비즈니스 현장에 있다 보니 알게 됐다. 그것은 반쪽짜리 진실일 뿐이다. 절대적인 시간은 같을지 몰라도, 개인이 온전히 자신을 위해 쓸 수 있는 가처분 시간과 그 시간의 밀도는 결코 공평하지 않다.

생존의 시간 vs 꿈의 시간

대학 시절, 나는 생존을 위해 시간을 팔아야 했다. 중고등학생 과외부터 우유 배달, 전단지 배포, 아파트 건설 현장의 막노동까지 다양한 아르바이트를 했다. 심지어 24시간 영업을 하는 주유소에서 밤 10시부터 아침 6시까지 일하는 야간 아르바이트를 몇 달간 하기도 했다. 밤을 꼬박 새우고 학교에 가니 강의 내용이 귀에 들어오지 않았고, 건강은 급격히 나빠졌다.

지금도 수많은 청춘이 학비와 월세를 벌기 위해 편의점과 식당과 카페에서 시간을 보낸다. 그들에게 시간은 돈으로 치환돼 사라지는 소모품이다. 공부할 시간, 잠 잘 시간, 꿈을 키울 시간을 쪼개 생존에 투입해야 한다. 반면, 부모님의 전폭적인 지원을 받는 학생들은 다르다. 그들은 아르바이트를 할 시간에 도서관에서 전공 서적을 파거나, 유학을 준비하거나, 창업 동아리 활동을 하며 미래를 위한 자산을 쌓는다.

이 두 그룹의 시간이 과연 공평한가? 전자는 마이너스를 0으로 만드는 데 시간을 쓰고, 후자는 0에서 플러스로 나아가는 데 시간을 쓴다. 꿈을 향해 달릴 수 있는 절대적인 시간의 총량 자체가 다르다는 점을 인정해야 한다.

스타트업 대표가 대리운전을 하는 이유

이 불공정한 게임의 법칙은 스타트업 신에서도 똑같이 적용된다. 창업 초기, 나 역시 한 가정의 가장으로서 경제적인 문제를 해결하기 위해 주말에는 강의를 뛰고 밤에는 대리운전을 했다. 선택이 아니라 필수였다. 대리운전 기사 대기실에서 만난 다른 스타트업 대표들도 사정은 비슷했다. 낮에는 CEO

명함을 달고 투자자를 만났지만, 밤에는 생계를 위해 핸들을 잡았다. 그들의 한숨 섞인 바람은 한결같았다.

"정말 돈 걱정 없이, 온전히 내 사업에만 집중하고 싶다."

자금이 넉넉한 창업 팀이 제품 개발에 100퍼센트 몰입할 때, 생계형 창업 팀은 외주 용역을 뛰고 아르바이트를 하느라 정작 본질적인 서비스 고도화에 쓸 시간을 뺏긴다. 이 시간의 격차는 곧 제품 퀄리티의 격차로, 나아가 시장 진입 속도의 격차로 이어진다.

일론 머스크의 100시간과 당신의 40시간

세계 최고의 부자이자 혁신의 아이콘인 일론 머스크. 그는 주당 100시간 이상 일하는 워커홀릭으로 유명하다. 일반 직장인이 주 40시간(하루 8시간) 일한다고 가정하면, 머스크는 남들보다 2.5배 더 일하는 셈이다.

단순 계산을 해 보자. 개인의 능력치가 비슷하다고 가정해도, 내가 1년 걸려 해낼 일을 그는 5개월도 안 돼서 끝낸다. 그런데 심지어 그는 천재적인 능력까지 갖췄다. 일의 밀도와 속도에서 게임이 되지 않는다. 전기차를 만들고 우주선을 쏘아 올리는 그 미친 실행력은 단순히 천재성에서 나오는 게 아니라, 남들이 잠자고 쉴 때 일하는 압도적인 시간 투입에서 나온다.

우리와 일론 머스크의 시간은 공평하지 않다. 천재가 노력까지 하는데 평범한 우리가 '워라밸'을 챙기면서 그를 이길 수 있을까? 불가능하다. 평범한 사람이 비범한 성취를 이루려면, 절대적인 투입량을 늘려 시간의 밀도를 높이는 수밖에 없다.

성공하려면 무리해야 한다

영어 교육으로 유명한 유튜브 채널 '라이브 아카데미'의 신용하 님은 '세바시' 강연에서 이렇게 말했다.

"사람들이 자꾸 무리하지 말라고 하는데, 뭔가 성공을 하려면 무리를 해야 합니다. 저는 이틀에 한 번 잡니다."

이 영상을 보고 뒤통수를 세게 얻어맞은 기분이었다. 영상 댓글에는 "잠 좀 자라", "건강이 최고다"라는 걱정이 가득했지만, 창업자라면 그의 말에 뼈저리게 공감해야 한다. 대부분의 사람들은 너무 쉽게 열심히 살고 있다고 자위한다. 투자를 좀 받았다고, 직원이 늘었다고 초창기의 그 절박함을 잊고 '대표 놀이'에 빠진 것은 아닌지 반성했다.

창업은 인생을 갈아 넣는 것이다

'워라밸', '욜로YOLO', '저녁이 있는 삶', 이런 것들은 인간으로서 당연히 누려야 할 권리이고 행복이다. 하지만 당신이 스타트업 창업을 결심했다면 당분간 이 단어들을 머릿속에서 지워야 한다.

창업은 9시 출근, 6시 퇴근이 보장되는 직장 생활이 아니다. 본인이 가진 모든 시간과 열정, 심지어 건강까지 쏟아부어도 성공할까 말까 한 확률 낮은 도박이다. 초기 스타트업일수록 개인의 삶은 사업에 저당 잡혔다고 생각해야 마음이 편하다. 워라밸은 성공한 뒤에 찾아도 늦지 않는다. 지금은 균형을 잡을 때가 아니라, 기울어진 운동장을 뒤집기 위해 당신의 모든 것을 걸고 무리를 해야 할 때다.

건곤일척乾坤一擲. 하늘과 땅을 걸고 승부수를 던져라. 시간의 불공정함을 이기는 유일한 무기는, 시간을 압축해서 쓰는 당신의 치열함뿐이다.

아무것도 하지 않으면
아무 일도
일어나지 않는다

"다 잘될 거야. 걱정 마."

"올해는 대박 날 거야. 내년에는 경기가 풀린대."

우리는 살면서 별다른 근거나 악의 없이 이런 하얀 거짓말을 자주 주고받는다. 특히 연말연시가 되면 이런 거짓말의 성수기가 찾아온다. 불안한 나 자신을 위로하기 위해, 혹은 힘들어하는 누군가에게 희망을 주기 위해 건네는 덕담이다.

물론 이런 말은 듣는 순간 마음을 편안하게 해 주고, 긍정적인 에너지를 불어넣어 주는 마취제 같은 효과가 있다. 서로에게 힘을 주는 아름다운 상황임은 분명하다. 하지만 감성을 걷어 내고 이성적으로, 논리적으로 따져 보면 이만큼 밑도 끝도 없는 무책임한 이야기도 없다.

특히 지금처럼 고금리, 고물가, 투자 혹한기가 지속되는 복합 위기의 시대에 근거 없는 낙관론은 독약과 같다.

희망 고문은 이제 그만, 현실은 냉혹하다

조금 시니컬하게 들릴지 모르지만, 우리가 흔히 쓰는 위로의 말들을 냉정한 비즈니스의 언어로 번역해 보자. 먼저 "간절히 원하면 우주가 도와준다"라는 말은 사실은 행동하지 않고 원하기만 하면 절대로 아무것도 이뤄지지 않는다는 뜻이다. 간절히 원하는 만큼 발바닥에 땀이 나도록 혼신의 노력을 해야 겨우 기회가 올까 말까 한 것이 현실이다. "너무 걱정하지 마, 어떻게든 해결되겠지"라는 위로 또한 사실 아무도 도와주지 않는다는 경고와 같다. 가만히 있으면 문제는 해결되기는커녕 곪아 터져 결국 회사를 집어삼키고 만다. "너는 잘될 거야, 내가 장담할게" 역시 그저 힘내라고 던지는 빈말일 뿐, 그 사람이 내 인생이나 회사의 부채를 대신 책임지지는 않는다. "우리 사업 대박 날 거야"라는 희망의 말도 마찬가지다. 로또 같은 불로 소득을 제외하면, 확률적으로 대박은 혼신의 힘을 다해 미친 듯이 실행한 극소수에게만 허락되는 결과물이다. 이런 이야기를 하는 이유는 염세주의자가 되라는 것이 아니라 냉혹한 현실을 직시하라는 뜻이다. 막연한 희망은 마치 글을 한 줄도 안 쓰면서 시간이 지나면 저절로 베스트셀러가 나오기를 기대하는 것과 다를 바 없다. 스타트업 경영진은 이런 무책임한 말을 함부로 해서는 안 된다.

통계가 말해 주는 진실

대부분의 창업자는 자신과 아이템에 대한 확신(이라 쓰고 착각이라 읽는다)으로 똘똘 뭉쳐 있다. 모두가 자신은 우주로 날아가는 로켓이며, 곧 배달의민족이나 토스 같은 유니콘 기업이 돼 코스닥 상장의 종을 울릴 것이라 꿈꾼다.

하지만 데이터는 다른 이야기를 한다. 글로벌 시장 조사 기관인 'CB인사이트CB Insights'와 통계청 자료를 종합해 보면, 스타트업이 창업 후 5년 이상 생존할 확률은 30퍼센트 미만이다. 여기서 더 나아가 유니콘 기업이 될 확률은 0.00006퍼센트 수준, 즉 100만 개 중 1~2개꼴이다. 심지어 2023년 이후 전 세계적으로 유니콘 탄생 속도는 5년 내 최저 수준으로 급감했다.

이것이 팩트다. 우리가 뉴스에서 보는 성공 신화는 생존 편향의 결과물이다. 시간이 지나면서 현실이라는 벽에 부딪히고 깨지다 보면, 스스로가 유니콘이 아니라 조랑말, 아니 어쩌면 죽은 말이었음을 아프게 깨닫게 된다.

막연한 희망, 근거 없는 자신감, 실행 없는 무모한 계획은 아주 잠깐 시궁창 같은 현실을 잊게 해 줄지 모르지만 실질적인 도움은 하나도 되지 않는다. 희망 고문은 마약과 같아서 결국 금단 증상만 남긴다.

책상에서 일어나 '몸싸움'을 하라

어느 유명한 문구처럼 "아무 일도 하지 않으면 아무 일도 일어나지 않는다". 불변의 진리다. 직장인이든 창업가든 아무것도 하지 않고 걱정만 하거나 책상 앞에 앉아 완벽한 사업 계획서만 다듬고 있다면 그 어떤 성과도 낼 수 없다.

네이버의 공동 창업자이자 베어베터를 세운 김정호 대표는 이런 실행력을 '몸싸움'이라고 표현했다.

"급변하는 비즈니스 환경에서는 우아한 전략보다 현장에서 부딪치며 깨지는 몸싸움을 잘하는 회사가 이긴다."

지금의 시장은 책상에 앉아 AI만 돌린다고 답이 나오는 곳이 아니다. 고객을 만나서 거절당해 보고, 경쟁사와 부딪혀 보고, 제품을 내놓고 욕을 먹어 봐야 한다. 그 처절한 몸싸움 과정에서 우리는 근육을 얻고 길을 찾는다.

망상에 빠져 있을 시간이 없다. 일단 저질러라. 실행하고, 깨지고, 배우고, 다시 실행하자. 실행하다 보면 안 보이던 길이 보이고, 막혔던 벽에 구멍이 뚫리고, 비로소 진짜 희망이 생긴다. 기적은 기도하는 자가 아니라 땀 흘리며 몸싸움하는 자에게 찾아온다.

스타트업
창업가를 위한
시무 20조

2020년 여름, 가수 비의 노래 '깡'이 밈으로 부활하며 전국을 강타했다. 이때 비의 오랜 팬이 작성한 '시무 20조'가 화제가 됐다. "꾸러기 표정 금지", "입술 깨물기 금지" 등. 촌철살인 같은 이 조항들에는 스타를 진심으로 아끼는 팬의 절절한 마음이 담겨 있었다.

나 역시 스타트업을 준비하고, 실행하고, 키워 가는 모든 창업자에 대한 팬심으로 '스타트업 시무 20조'를 준비했다. 잔소리가 아니다. 당신이 초심을 잃고 흔들릴 때마다 꺼내 봐야 할 생존 수칙이다. 이 20가지만 지켜도 당신은 망하지 않고 끝까지 살아남을 수 있을 것이다.

- 제1조. 가족 중심, 지인 중심 팀 빌딩 금지

아는 사람이 편할 것 같지만, 갈등이 생기면 해고도 못 하고 관계만 파탄 난다.

- 제2조. 동아리처럼 운영 금지

철저히 성과 중심으로 운영해야 한다. "좋은 게 좋은 거지"는 동아리에서 나 해라. 스타트업은 프로 스포츠 팀이다.

- 제3조. 채용할 때 적당하게 타협하지 않기

사람이 급하다고 기준을 낮추지 마라. 그 한 명이 조직 전체를 오염시킨다.

- 제4조. 의심하면 뽑지 말고, 뽑았으면 의심하지 말기

채용 전에는 현미경으로 검증하되, 채용 후에는 전폭적으로 신뢰하고 위임하라.

- 제5조. 열정 페이 요구 및 직원 함부로 대하기 금지

직원은 부속품이 아니다. 그들의 헌신에 정당한 대가를 지불하라.

- 제6조. 수평 문화의 함정에 빠지지 않기

영어 이름 부른다고 수평 문화가 아니다. 책임과 권한이 명확해야 진짜 수평이다.

- 제7조. 이것도 저것도 아닌 애매한 문화 만들지 않기

수평도 아니고 수직도 아닌 회색 지대가 최악이다. 색깔을 분명히 하라.

- 제8조. 직언해 줄 직원들 옆에 두기

"대표님, 그건 아닌데요"라고 말하는 직원을 포상하라. 예스맨은 회사를 망친다.

- 제9조. 바닷물 끓이지 말고 직원들 급여부터 잘 챙기기

세상을 구하기 전에 직원 월급부터 챙겨라. 그것이 리더의 제일 중요한 덕목이다.

- 제10조. 고정비 최소화하기

숨만 쉬어도 나가는 돈을 줄여라. 고정비가 낮아야 위기에 버틴다.

- 제11조. 임대료 비싼 사무실 피하고 인테리어 금지

강남역 한복판의 화려한 사무실은 성공한 뒤에 들어가도 늦지 않다. 초기에는 저렴하거나 무상에 가까운 창업 보육 센터면 충분하다.

- 제12조. 투자 브로커, 가짜 창업 전문가에게 속지 않기

수수료나 지분을 요구하며 접근하는 사기꾼들을 멀리하라. 진짜는 돈을 요구하지 않는다.

- 제13조. KPI 수립하고 린 스타트업 하기

측정할 수 없으면 관리할 수 없다. 작게 실행하고 빠르게 실패하며 데이터를 쌓아라.

- 제14조. 빈번한 피버팅, 문어발식 사업 확장 금지

하나라도 제대로 해라. 이것저것 찔러 보다가는 죽도 밥도 안 된다.

- 제15조. 거절당한 투자 회사에 계속 들이대기 금지

스토킹은 범죄다. 거절은 거절이다. 쿨하게 인정하고 제품 개선에 집중하라.

- 제16조. 센스 있고 영감 있는 마케팅 파트너 구하기

돈을 쏟아붓는 마케팅이 아니라, 고객의 마음을 훔치는 날카로운 기획이 필요하다.

- 제17조. 전 직장의 영광에 머무르지 않고 다 내려놓기

대기업 명함은 반납했다. 당신은 이제 바닥부터 시작하는 초보 사장일 뿐이다.

- 제18조. 현실을 직시하며 미래를 살기

눈은 별(비전)을 보되, 발은 진흙탕(현실)을 딛고 있어야 한다.

- 제19조. 요행을 바라지 말고 루틴에 충실하기

성공은 로또가 아니다. 지루한 반복을 견디는 자에게 주어지는 선물이다.

• 제20조. 끝까지 포기하지 않고 살아남기
강한 자가 살아남는 게 아니라, 살아남는 자가 강한 것이다.

스타트업이라는 정글에 뛰어든 당신, 이 20가지 조항이 때로는 뼈아픈 소리가 되고, 때로는 든든한 지팡이가 돼 줄 것이다. 화려한 성공 신화보다는, 오늘 하루를 버텨 내는 당신의 땀방울을 응원한다. 부디, 끝까지 살아남아라.

살아남아야
기회를
잡는다

나는 2014년에 스타트업 신이라는 전쟁터에 발을 들였다. 운이 좋게도 역량이 뛰어나고 인성도 좋은 공동 창업자와 동료들을 만난 덕분에 지금까지 이 바닥에서 생존해 있다. 돌이켜 보면 매 순간이 롤러코스터였다. 2015년 첫 투자 유치가 확정됐을 때 서로 부둥켜안고 환호했던 짜릿한 기억도 있지만, 반대로 2018년 말에는 후속 투자가 지연되면서 피눈물을 흘려야 했다. 당시 40여 명이었던 직원 중 절반을 내보내야 했던 그 뼈아픈 구조 조정의 기억은 아직도 가슴 한구석에 멍처럼 남아 있다.

다행히 그 뒤로 매출이 발생하고 추가 투자도 유치해 안정적인 구조를 갖췄지만 가끔은 섬찟하다. 아직 유니콘이 된 것도, 큰 성공을 거둔 것도 아니지만, '지금까지 망하지 않고 살아 있다'는 사실 자체가 때로는 기적처럼 느껴지기 때문이다.

망하는 기업은 저마다의 이유가 있다

통계는 냉정하다. 중소벤처기업부 자료에 따르면 국내 창업 기업의 5년 후 생존율은 고작 28.5퍼센트다. OECD 주요국 평균(41.7퍼센트)에도 한참 못 미친다. 10년 생존율은 더 처참해서, 100개 중 92개가 사라지고 단 8개만이 살아남는다.

톨스토이의 소설《안나 카레니나》의 첫 문장은 스타트업 생태계에도 그대로 적용된다.

"행복한 가정은 모두 비슷한 이유가 있지만, 불행한 가정은 저마다의 이유가 있다."

이를 스타트업 버전으로 바꾸면 이렇다.

"잘되는 기업은 모두 비슷한 이유(좋은 팀, 좋은 시장, 좋은 제품)가 있지만, 안되는 기업은 저마다의 이유가 있다."

어떤 팀은 공동 창업자 간의 불화로, 어떤 팀은 시장이 원하지 않는 아이템을 고집하다가, 또 어떤 팀은 자금 조달에 실패해서 오늘도 소리 없이 쓰러져 간다. 창업 후 3~5년 차, 매출은 정체되고 투자금은 말라 가는 이른바 죽음의 계곡에서 70퍼센트의 기업이 증발해 버린다. 한국의 '데스 밸리' 생존율이 세계 최하위 수준이라는 사실은 우리가 얼마나 척박한 땅에서 싸우고 있는지를 보여 준다.

바퀴벌레처럼 버텨라, 버티는 게 이기는 것이다

특히 요즘처럼 투자 시장이 얼어붙은 혹한기에는 생존을 위한 노력이 그 어느 때보다 절실하다. '아이템만 좋으면 정부가 도와주겠지', '사용자만 모으면 언젠가 광고 수익이 나겠지'라는 안일한 생각은 이제 통하지 않는다. 그런 호시절은 끝났다.

투자자는 이제 증명된 숫자를 원한다. 아무리 거창한 비전도 당장 다음 달 직원 월급 줄 돈이 없으면 공상에 불과하다. 가능한 한 빨리 매출을 만들어 낼 수익 모델을 장착해야 한다. 폼 나지 않아도 좋다. 끈질긴 생명력의 대명사인 바퀴벌레가 돼서라도 살아남아야 한다. 성장도 중요하지만, 지금은 생존 자체가 지상 최대의 과제인 시대다.

웹툰과 드라마로 신드롬을 일으켰던 〈이태원 클라쓰〉에서 주인공 박새로이의 아버지는 아들에게 이런 말을 남긴다.

"인생은 살아만 있다면 뭐든 별거 아니야."

그렇다. 회사가 망하면 기회도 없다. 하지만 어떻게든 좀비처럼 살아만 있으면, 언젠가 시장은 변하고 기회는 반드시 다시 온다. 그때 그 파도에 올라타기 위해서라도 살아 있어야 한다.

전우들이여, 부디 살아 있자. 이 악물고 살아남자. 살아 있어야 기회가 왔을 때 그 손을 잡을 수 있다.

당신이라는
영화의
해피 엔딩을 위해

누구나 인생을 살면서 예고 없는 쓰나미를 만난다. 사람을 잃고, 돈을 잃고, 평판이 바닥으로 곤두박질치며, 믿었던 사람에게 등 뒤에서 칼을 맞기도 한다. 특히 사업을 한다는 것은 이 쓰나미의 한가운데로 제 발로 걸어 들어가는 행위와 같다. 최근 영국 콜린스 사전은 '영구적인 위기'를 뜻하는 '퍼머크라이시스permacrisis'를 2022년의 단어로 선정했다. 고금리, 고물가, 투자 혹한기가 겹친 지금, 창업가들은 매일 아침 눈을 뜨는 것조차 공포스러운 생지옥을 경험하고 있다.

실제로 샌프란시스코 캘리포니아 대학교의 마이클 프리먼 교수의 연구에 따르면, 창업가는 일반인보다 우울증을 앓을 확률이 2배, 조울증은 6배, 약물 남용 가능성은 3배나 높다고 한다. 화려한 스포트라이트 뒤에 숨겨진 창업가의 뒷면은 이토록 처절하다.

나 역시 그 지옥불 속을 걸어 봤고, 지금도 걷고 있기에 감히 조언하려 한다. 여기 있는 글이 당신의 무너진 마음을 일으켜 세우는 작은 지지대가 되기를 바란다.

지금 당신은 늪이 아니라 터널을 지나고 있다

극한의 상황에서 살아남은 사람들의 심리를 연구한 '스톡데일 패러독스 stockdale paradox'라는 개념이 있다. 베트남 전쟁 당시 포로 수용소에서 8년을 견디고 살아남은 스톡데일 장군의 일화에서 유래했다. 그는 '곧 나갈 수 있을 거야'라는 막연한 낙관주의자들은 절망하며 죽어 갔지만, '현실은 냉혹하지만 결국에는 승리할 것'이라는 믿음을 가진 현실주의자들은 살아남았다고 증언했다.

지금 당신의 상황을 늪으로 인식하면, 발버둥 칠수록 더 깊이 빠져들어 결국 질식하게 된다. 하지만 이곳을 터널로 정의하면 이야기가 달라진다. 터널은 어둡고 숨 막히지만, 기어서라도 앞으로 나아가면 반드시 출구가 나온다. 멈춰 서서 주저앉으면 영원한 어둠뿐이다. 무릎이 까져 피가 나더라도 조금씩 앞으로 가라. 조금 늦어도 상관없다. 물리학적으로 끝이 없는 터널은 존재하지 않는다.

백조 증후군을 경계하라: 당신만 힘든 게 아니다

지옥에 있을 때 가장 괴로운 고문은 나만 빼고 다 행복해 보이는, SNS의 거짓말이다. SNS 속 다른 사람들은 여행을 즐기고, 골프를 치고 투자 유치

소식을 전한다. 하지만 물 위에 우아하게 떠 있는 백조가 물밑에서는 살기 위해 처절하게 발버둥 치듯, 그들 또한 백조 증후군을 앓고 있다.

인간이 짊어지는 고통의 총량은 놀랍도록 공평하다. 이를 '고통 보존의 법칙'이라 부르고 싶다. 초기 창업자는 월급 줄 돈이 없어 울고, 성공한 유니콘 대표는 주가 폭락과 검찰 조사 때문에 운다. 청년은 취업을, 중년은 자식을, 노년은 건강을 걱정한다. 저마다의 지옥이 있다. 당신이 보는 그 화려한 사람도 남모를 지옥 불을 견디고 있다. 그러니 고립감에 빠지지 마라. 당신은 혼자가 아니다. 당신만 힘든 것은 더더욱 아니다.

잔인하지만 내 탓임을 인정해야 탈출구가 보인다

지옥 탈출의 가장 큰 열쇠는 통제권의 회복이다. 처음에는 세상을 원망하고, 경기를 탓하고, 정부를 비난한다. 하지만 심리학에서 말하는 '통제 소재'를 외부가 아닌 내부로 가져와야 한다.

'직원들이 일을 열심히 안 해서 성과가 안 났다', '자금이 부족해서 망했다', '투자자가 우리 사업을 이해를 못 한다'라고 생각하면 영원히 상황에 끌려다니는 피해자일 뿐이다. 하지만 '내가 현금 흐름을 미리 확보하지 못했다', '내가 플랜 B를 준비하지 않았다'라고 인정하는 순간, 나는 다시 상황을 해결할 수 있는 주체가 된다. 자책하며 무너지라는 뜻이 아니다. 나의 실수와 오판을 냉정히 인정하고, 책임을 지고, 거기서 데이터를 확보하라는 뜻이다. 그래야만 이 지옥을 끝내고 다음 챕터로 넘어갈 수 있다. 돌이켜 보자. 삶의 통제권을 나에게로 가져오기 위해 창업하지 않았는가?

기대하지 않는 연대: 진짜 내 사람을 만나는 시간

사람들은 타인의 불행에 생각보다 관심이 없다. 그러니 힘들다고 징징대거나 구원자를 기다리지 마라. 다들 자기 몫의 십자가를 지느라 바쁘다. 오히려 이때가 기회다. 내가 잘나갈 때 주변에 들끓던 수천 명의 가짜 인맥들이 썰물처럼 빠져나가고, 진짜 알곡 같은 사람들만 남는 인맥 구조 조정 시간이다.

거창한 도움은 필요 없다. 그저 옆에 있어 주고, 믿어 주고, 가끔 밥 한 끼 같이 먹으며 말없이 어깨를 내 주는 사람이면 충분하다. 혼자 동굴로 숨지 마라. 스마트폰 속 3,000명의 연락처보다, 지금 내 옆에 남은 세 명과의 유대감이 당신을 살린다.

뇌가 불안을 느끼지 못하도록 몸을 굴려라

뇌과학적으로 인간의 뇌는 생각할 시간이 많을수록 부정적인 시나리오를 쓰도록 설계돼 있다. 가만히 앉아 있으면 편도체가 활성화돼 불안과 공포가 엄습한다. 이때 필요한 것이 '행동 활성화'다.

쓸데없는 잡생각이 틈타지 못하게 몸과 정신을 24시간 바쁘게 굴려라. 러닝을 하든, 책을 읽든, 글을 쓰든, 아니면 당장 생활비를 벌기 위해 배달 아르바이트를 하든 무엇이든 해라. 행동은 불안을 죽인다. 땀을 흘리고 생산적인 활동에 몰입할 때 우리 뇌는 잠시나마 고통을 잊고 새로운 신경 회로를 만든다. 그 작은 움직임들이 모여 당신을 늪에서 건져 올릴 것이다.

이 또한 지나가리라, 그리고 성장하리라

너무나 흔해서 식상한 말이지만, 인류 역사상 이보다 더 위대한 진리는 없다.

"이 또한 지나가리라."

심리학에는 '외상 후 성장'이라는 개념이 있다. 죽을 만큼 힘든 트라우마를 겪은 후 이전보다 심리적으로 더 강해지고 성숙해지는 현상을 말한다. 기억해 보라. 작년 이맘때, 혹은 3년 전 당신은 무슨 걱정을 했는가? 그때도 세상이 무너질 것 같았을 것이다. 하지만 지금은 기억조차 나지 않거나, 술자리 안주 삼아 이야기할 수 있지 않은가.

지금 겪고 있는 이 끔찍한 지옥도 마찬가지다. 내년 이맘때가 되면 당신은 훈장 같은 흉터를 어루만지며 '그때 참 힘들었지만, 덕분에 단단해졌지'라고 회상할 것이다. 시간은 언제나 흐르고, 모든 것은 변한다. 지옥의 불길은 당신을 태워 죽이는 것이 아니라, 당신을 더 단단한 강철로 제련하고 있을 뿐이다.

그러니 버텨라. 강한 자가 살아남는 게 아니라, 살아남는 자가 강한 것이다. 터널의 끝은 반드시 온다.

행복을 유예하지 말고 지금 당장 선택하라

많은 창업가가 행복을 적금처럼 생각한다. 지금의 고통을 참고 견디면 나중에 이자까지 쳐서 한꺼번에 돌려받을 수 있다고 믿는다.

이번 투자만 받으면, 상장만 하면, 엑시트만 하면 행복해지겠지.

하지만 단언컨대, 그런 날은 오지 않는다. 산 하나를 넘으면 더 높은 산이 기다리고 있는 것이 인생이고 사업이다. 인생은 원래 고해苦海, 즉 고통의 바다.

그러니 행복을 미래로 미루지 마라. 행복을 유예하지 마라. 내일의 대박을 위해 오늘의 소소한 기쁨을 희생하는 바보가 되지 마라. 대책 없는 욜로족이 되라는 게 아니다. 지옥 같은 현실 속에서도 아주 잠깐이나마 웃을 수 있는 구멍을 찾아내라는 뜻이다.

신선한 공기를 마시며 하루를 시작하는 러닝, 출근길 광역 버스에서의 달콤한 잠, 힘들지만 버텨 주고 있는 동료들, 가성비 좋은 8천 원짜리 한식 뷔페, 그리고 집에 돌아갔을 때 나를 반겨 주는 가족의 온기. 이 사소한 것들에 감사할 줄 모르면 100억을 벌어도 결코 행복해질 수 없다. 행복은 조건이 아니라 선택이다. 지금 당장, 이 지옥 한가운데서 행복하기를 선택하라. 그 긍정의 에너지가 당신을 터널 밖으로 인도할 것이다.

무조건, 제발 건강하라

이 모든 이야기를 다 잊어도 좋으니, 이것 하나만은 기억해라. 무조건 건강해야 한다. 건강과 관련해 참고해야 할 유명한 말들이 많다.

"인간은 돈을 벌기 위해 건강을 잃고, 잃은 건강을 되찾기 위해 번 돈을 다

쓴다."

"인간은 건강할 때는 걱정거리가 수없이 많지만, 건강을 잃고 나면 오직 하나의 걱정만 존재한다."

몸이 무너지면 재기도 없다. 당신이 지금 살아 숨 쉬고 있고, 사지가 멀쩡해서 이 책을 읽을 수 있고, 다시 일할 수 있는 체력만 있다면 기회는 반드시 온다. 장담컨대, 인생에서 기회는 적어도 한 번은 더 온다. 설령 그 기회가 오지 않더라도 온다고 믿고 버텨야 한다. 삶이라는 녀석은 참 묘해서, 우리가 좌절의 끝에서 '그래, 다시 한번 해 보자'라고 마음먹고 주먹을 쥐는 바로 그 순간부터 실타래가 풀리기 시작한다.

그러니 아프지 마라. 술과 담배로 스트레스를 푸는 자해를 멈추고, 운동화를 신고 뛰고, 조금이라도 건강한 음식을 챙겨 먹어라. 몸과 마음이 건강해야 이 긴 싸움에서 끝까지 버티고 이겨 낼 수 있다. 당신의 몸은 당신 혼자만의 것이 아니다. 당신을 믿고 따르는 직원들과 가족들의 우주다.

창업이라는 무대 위에서 당신은 감독이자, 작가이자, 주연 배우다. 지금 겪고 있는 이 생지옥은 영화의 초반부에 나오는 위기와 절정일 뿐이다. 주인공이 아무런 시련 없이 성공하면 그 영화는 재미가 없다. 넷플릭스에 올라오면 평점 테러를 당할 것이다. 관객들은 주인공이 악당(시련)에게 처참하게 짓밟히고, 모든 것을 잃은 절망 속에서도 보란 듯이 다시 일어서는 반전에 열광한다.

지금 당신의 영화 장르가 스릴러나 재난 영화처럼 보일지라도, 결말은 반드시 휴먼 드라마이자 성공 스토리여야 한다. 그 결말을 만들 수 있는 사람은 오직 당신뿐이다. 스스로 포기하지 않는 한 영화는 끝나지 않는다.

지옥을 이겨 내라. 힘든 일을 극복하고, 악당을 물리치고, 기어코 반전을 만들어 내라. 그리하여 훗날, 저 긴 터널을 빠져나온 눈부신 햇살 아래서, 우리 다 같이 얼싸안고 춤이라도 한번 신명 나게 추자.

당신의 영화는, 해피 엔딩이다.